老司城遗址（中共永顺县委宣传部提供）

老司城万马归朝（严许芬摄）

万马归朝牌坊（李永生摄）

土司大营之夜（葛丽萍摄）

和谐飞进土司营（严许芬摄）

霞飞大营（杨胜强摄）

盛世腾龙（杨胜强摄）

人间仙境（李永生摄）

欲与天公试比高（葛丽萍摄）

晨辉云海大本营（胡晓平摄）

万马归朝景点（胡晓平摄）

灵溪河木桥

万马归朝景点（朱能贤摄）

老司城码头

毛古斯舞

马鞍山村窝圃彭家寨八景之一

狮子口景点

古镇王村

土司官印　　　　紫金山残缺石人

狮子

麒麟

明浮雕花砖

吴来坪出土石雕

老司城吴来坪出土的文物

中莲花居民屋场对面一对金字山

永顺不二门景点

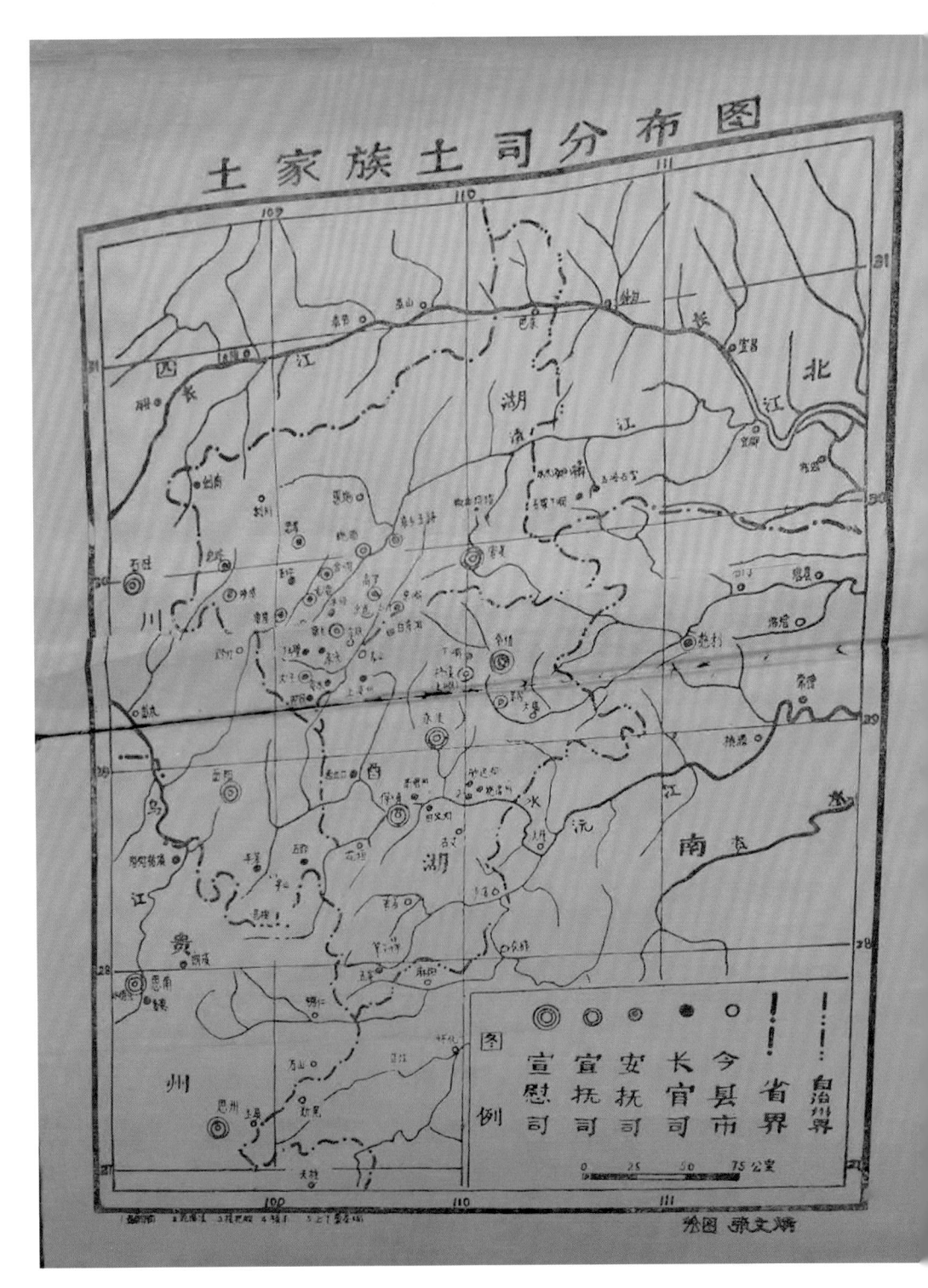

湘鄂川黔土司分布图

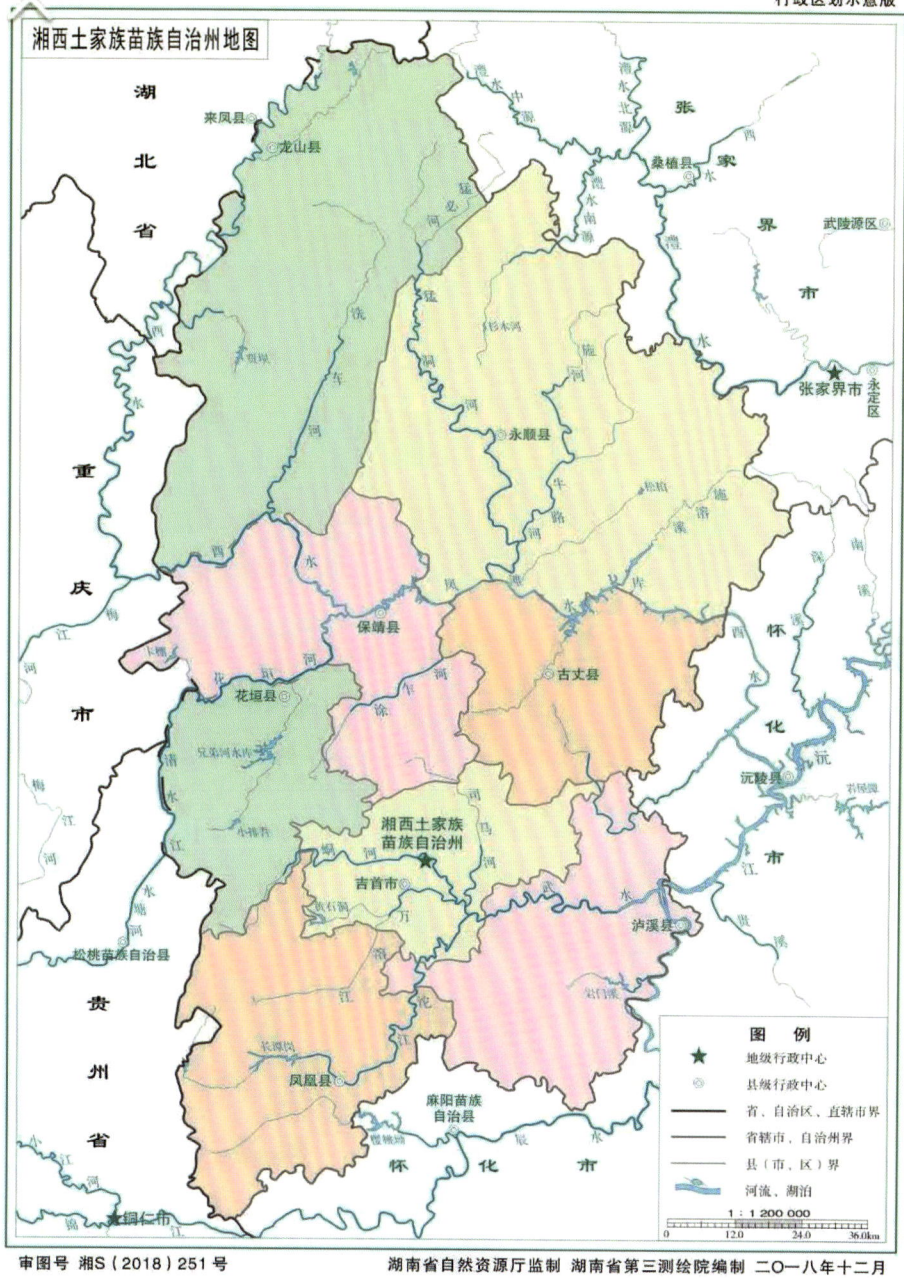

湘西州标准地图

地图窝 | 1748x2480

感谢 向盛福老师：

致敬保护世界文化遗产的功臣！

单霁翔

2021年3月25日

故宫博物院原院长单霁翔的题词

世界遗产

武陵山区（湘西）土家族苗族文化生态保护区系列丛书

老司城地名故事

LAOSICHENG DIMING GUSHI

◎ 向盛福 李冬 刘欣 向士军／著

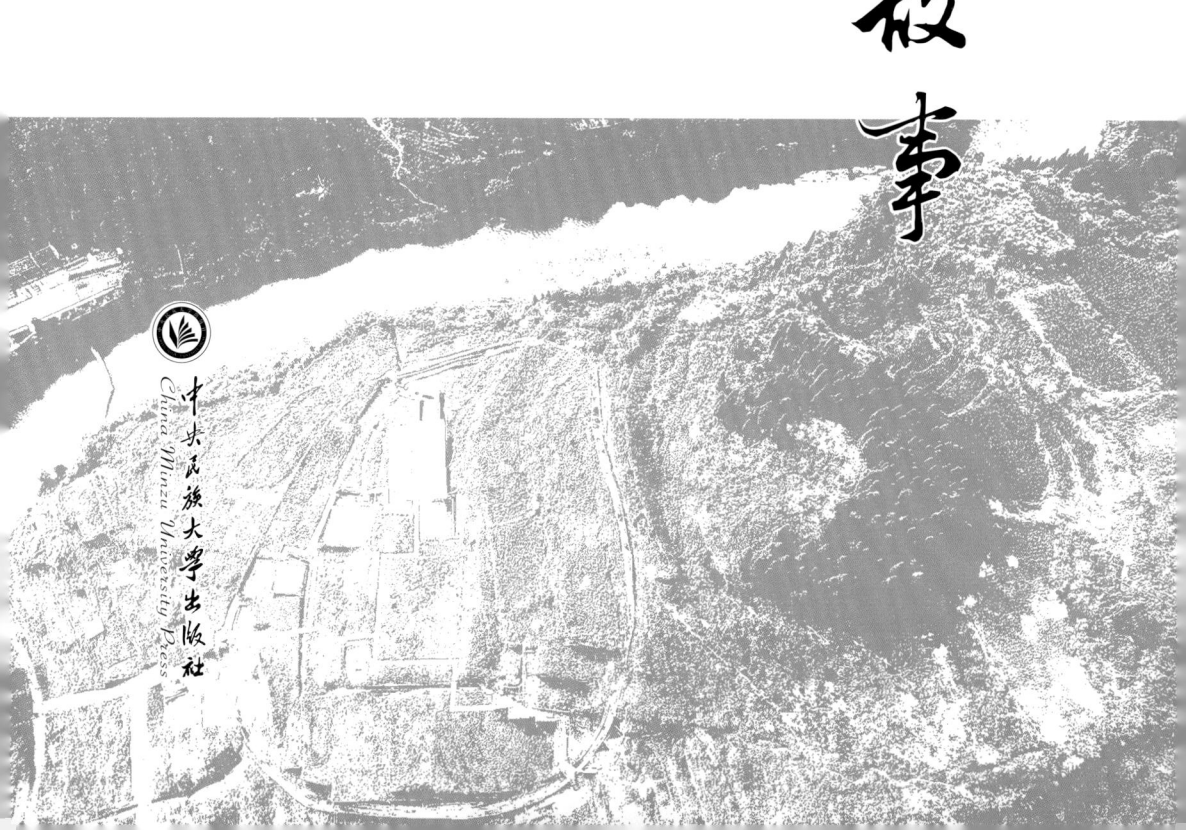

中央民族大学出版社

图书在版编目（CIP）数据

老司城地名故事 / 向盛福等著 .—北京：中央民族大学出版社，2024.1

ISBN 978-7-5660-2215-8

Ⅰ.①老… Ⅱ.①向… Ⅲ.①地名—介绍—永顺县 Ⅳ.①K926.44

中国国家版本馆 CIP 数据核字（2023）第 011398 号

老司城地名故事

作　　者	向盛福　李　冬　刘　欣　向士军
责任编辑	李苏幸
责任校对	邱　械
封面设计	布拉格
出版发行	中央民族大学出版社
	北京市海淀区中关村南大街 27 号　邮编：100081
	电　话：(010)68472815(发行部)　传真：(010)68932751(发行部)
	(010)68932218(总编室)　　　　(010)68932447(办公室)
经销者	全国各地新华书店
印刷厂	北京鑫宇图源印刷科技有限公司
开　　本	787×1092　1/16　彩插 16 页　印张：17.75
字　　数	210 千字
版　　次	2024 年 1 月第 1 版　2024 年 1 月第 1 次印刷
书　　号	ISBN 978-7-5660-2215-8
定　　价	78.00 元

版权所有　翻印必究

本书推介

中央民族大学教授　张海洋

　　湘西土家族文人向盛福老先生新著《老司城地名故事》，依托湖南省世界文化遗产——永顺老司城的文物遗存，收集古今地名故事，各按文物考古类别呈现人文源头和演进线索，诠释武陵深山这颗千年文史明珠的身世来历，彰显新中国民族团结进步文化振兴成绩，引人入胜，诚为中华民族多元一体格局的有力注脚和山民文化口传史佳作。

　　向老前辈年届80自学成才，是远近知名的非物质文化遗产传承人暨老司城活字典。他出身司城山村农家，早年参加工作，晚年奋力自修，志在弘扬家乡人文。2002年退休后，他响应时代召唤，放弃安逸生活，投身家园文化发掘整理暨世界遗产申报：一面倾心培养文化传人，一面亲身考察沅陵龙山及湖北来凤人文资源脉络并远赴省城、京城搜集资料就教方家，奋力推出《土司王朝》等四部专著均获好评。他的业绩固然受益于家人亲友和领导助力，但作为家乡同仁同事和晚生后辈见贤思齐的励志楷模人生榜样精神资源，亦值得发扬光大。本部书稿是他为永顺家乡打造的非物质文化遗产又一品牌，深具出版价值。

2021年8月28日，于校园民社院世界民族学人类学研究中心

序

中华炎黄文化研究会土司专业委员会主席、教授、博士生导师　游　俊

2015年7月，在德国波恩召开的联合国教科文组织第39届世界遗产委员会会议上，由湖南永顺老司城遗址、湖北唐崖土司城遗址和贵州海龙屯遗址联合申报的"土司遗址"通过了审议，成功列入《世界遗产名录》。"土司遗址"申遗成功，标志着我国西南山区的土家族、苗族和仡佬族第一次拥有了自己的世界文化遗产且湖南贵州两省实现了世界文化遗产"零"的突破，既在更大范围和更深程度上宣传推广了"土司遗址"文化遗产与历史文物保护理念，也提升带动了地方文化旅游和推动促进了区域经济发展。与此同时，"土司遗址"申遗成功，又给土司研究提出了新的要求，学界出现了土司研究的新高潮，使土司研究逐渐成为"显学"。时至今日，其研究热潮方兴未艾，研究成果不断涌现。其中，对规模最大、保存最完整、历史最悠久的古代土司城遗址——湖南永顺老司城遗址的

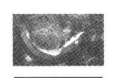

研究，也在日趋深入。呈现在读者面前的《老司城地名故事》，即是在此背景下产生的一项特殊的研究成果。

《老司城地名故事》的作者特殊。该书作者是永顺老司城土生土长的一位年近八旬的老人，没有任何大学文凭和学术背景，但他在60岁退休之后，怀着对家乡的深厚感情，自觉保护与传承民族文化，全身心投入老司城"土司遗址"的宣传、保护和研究之中，先后推出了《土司王朝》《老司城民间故事集》《溪州老司城》《溪州土司制度盛衰轶事》《老司城民间故事集锦》等多部著作，成为土司研究的地方专家和非物质文化传承人，为永顺老司城申遗成功做出了突出贡献。老先生在学习研究和宣传保护民族文化遗产方面用情之深、用心之恒、用力之精，令人惊叹不已、感动不已、敬重不已。

《老司城地名故事》的内容特殊。该书内容是以讲故事的形式来诠释世界文化遗产"老司城"的地名。作者围绕永顺老司城遗址，收集整理了地名故事一百四十余条，并结合史籍对其中部分地名进行了初步考证。从空间维度看，这些地名故事涵盖了老司城城址的衙署区、生活区、街市区、文教区、宗教信仰区和墓葬区，以及有关司法、军事、休闲、道路遗址遗迹等等，凡有文献记载或口耳相传的地名，均网罗其中。从时间维度看，这些地名故事虽大多集中在永顺土司鼎盛时期的明朝年间，但上溯汉唐，下延明清，时间跨度较大，初步勾勒出该区域土家人的古代历史和永顺土司兴衰的时间轴线。两个维度相交，我们即可大致推绎出永顺老司城历史地名的空间格局与历史演变。

《老司城地名故事》的价值特殊。地名既是一种地理信息标志，也是一种历史人文回忆，沉淀了地方历史进程，凸显了民族文化变迁，是一个地方历史文化的重要构成部分。该书一百四十余个地名，就是一个个脉络相连的文化符号，书写着老司城的传奇故事与历史文明，承载着酉水流域土家人对民族文化的传承，也见证了多民族的交往交流交融，既具有独特的学术研究价值，又对弘扬中华民族传统文化、铸牢中华民族共同体意识具有积极的现实意义。同时，老司城地名中所蕴含的英雄神话传说、民间经典故事、民俗礼仪、节庆活动等等，均属于亟待保护和传承的非物质文化遗产，目前大多已濒临失传，幸有该书作者倾力收集整理，才得以文字保存，因此该书的价值意义不同一般。

《老司城地名故事》是向盛福老先生研究永顺老司城推出的第六部著作，尽管该书存在个别观点还值得商榷、编排体例有待优化等问题，但仍然是一部具有学术价值和现实意义的好书。谨作此序祝贺并致敬意。

目 录

第一章　生活区 …………………………………… （001）

　第一节　吴来坪 …………………………………… （002）

　第二节　堰塘坪和堰塘塆 ………………………… （004）

　第三节　夕洞 ……………………………………… （005）

　第四节　箭杆坪 …………………………………… （007）

　第五节　北门 ……………………………………… （009）

第二章　衙署区 …………………………………… （011）

　第一节　凉洞，热洞 ……………………………… （012）

　第二节　头门上 …………………………………… （014）

第三章　核心区 …………………………………… （017）

　第一节　舟启栈塆 ………………………………… （018）

　第二节　通朝塆 …………………………………… （019）

　第三节　北门上 …………………………………… （020）

　第四节　西门沙洲 ………………………………… （021）

　第五节　牛过水 …………………………………… （023）

　第六节　堂坊坡街 ………………………………… （024）

　第七节　西门 ……………………………………… （025）

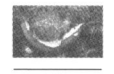

第八节　岩菩萨 …………………………………（027）

第九节　麒麟山 …………………………………（029）

第十节　麻池湾 …………………………………（031）

第十一节　掐合大 ………………………………（032）

第十二节　银山枯观景台 ………………………（033）

第十三节　烟花堡 ………………………………（034）

第十四节　八部湾 ………………………………（035）

第十五节　水碾坊 ………………………………（036）

第十六节　万人坑 ………………………………（037）

第十七节　龙朝湾 ………………………………（038）

第十八节　马蹄壳 ………………………………（039）

第十九节　雅草甘泉 ……………………………（041）

第二十节　石鼓 …………………………………（042）

第二十一节　碧花庄 ……………………………（043）

第二十二节　会官坪 ……………………………（044）

第二十三节　偏　岩 ……………………………（046）

第二十四节　珍珠山 ……………………………（047）

第二十五节　赶乞塆 ……………………………（048）

第二十六节　阿弥陀佛石桩 ……………………（049）

第二十七节　会官亭 ……………………………（051）

第二十八节　渡船口 ……………………………（052）

第二十九节　水碾坝口 …………………………（053）

第三十节　南门头 ………………………………（054）

第三十一节　溪　泊 ……………………………（055）

第三十二节　送君坪 ……………………………（057）

第四章　城内居民区 (059)

　　第一节　五铜街 (060)

　　第二节　南门巷 (061)

　　第三节　芮家塆 (063)

　　第四节　巷口 (065)

　　第五节　向家湾 (066)

　　第六节　栉坊口坳 (068)

　　第七节　东门坳 (069)

　　第八节　小西门 (070)

　　第九节　鱼肚街 (071)

　　第十节　雅草坪 (072)

　　第十一节　世泽坊 (073)

　　第十二节　表劳牌坊 (074)

　　第十三节　五铜街巷 (075)

　　第十四节　舟启栈滩 (076)

　　第十五节　显应坊土地堂 (078)

　　第十六节　人杰坊土地堂 (079)

　　第十七节　地灵坊土地堂 (080)

　　第十八节　堂坊堡 (081)

　　第十九节　世泽坊土地堂 (082)

　　第二十节　栉坊口巷 (083)

　　第二十一节　西道街 (084)

第五章　文教区 (085)

　　第一节　义学堂 (086)

第二节　若云书院遗址……………………………………（089）
　　第三节　文昌阁……………………………………………（090）

第六章　祭祀区……………………………………………（091）
　　第一节　水府阁遗址………………………………………（092）
　　第二节　社令坛、杨士庙、稷神坛………………………（093）
　　第三节　吴著庙……………………………………………（094）
　　第四节　将军山……………………………………………（096）
　　第五节　城隍庙遗址………………………………………（097）
　　第六节　五谷庙……………………………………………（098）
　　第七节　八部大王庙遗址…………………………………（099）

第七章　道教、佛教区……………………………………（101）
　　第一节　雷公扫殿…………………………………………（102）
　　第二节　藏经阁……………………………………………（103）
　　第三节　祖师殿……………………………………………（104）
　　第四节　玉皇殿……………………………………………（106）
　　第五节　玉皇殿墙壁《水漫金山寺》漫画 …………………（107）
　　第六节　祖师殿祖师菩萨七星剑被盗……………………（109）
　　第七节　祖师菩萨脚踏乌龟被盗…………………………（110）

第八章　墓葬区……………………………………………（111）
　　第一节　紫金山土司古墓群………………………………（112）
　　第二节　八桶湖……………………………………………（114）
　　第三节　莲花山……………………………………………（115）

第四节　象鼻山和老鼠嘴 …………………………… (117)

第九章　军事演练区 ……………………………………… (119)
　　第一节　搏射坪花桥 ………………………………… (120)
　　第二节　骡子塆 ……………………………………… (123)
　　第三节　兵器库、射圃（兵工房）………………… (124)
　　第四节　跑马坪 ……………………………………… (126)
　　第五节　官亭堡 ……………………………………… (127)
　　第六节　搏射坪 ……………………………………… (128)

第十章　军事管制区 ……………………………………… (131)
　　第一节　锡帽山 ……………………………………… (132)
　　第二节　见亲塆 ……………………………………… (133)
　　第三节　军事塆 ……………………………………… (134)
　　第四节　察闹院 ……………………………………… (135)
　　第五节　监　狱 ……………………………………… (136)
　　第六节　活剥塆 ……………………………………… (137)

第十一章　城郊 …………………………………………… (139)
　　第一节　菜园坪 ……………………………………… (140)
　　第二节　向公塆 ……………………………………… (142)
　　第三节　阿吉和段家塆 ……………………………… (143)
　　第四节　钓鱼台 ……………………………………… (144)
　　第五节　青岗包 ……………………………………… (145)
　　第六节　自生桥 ……………………………………… (146)

第七节	弄塔	（149）
第八节	万代屋场和龙洞	（151）
第九节	那土车	（153）
第十节	壶窝别墅遗址	（154）
第十一节	孝感泉	（156）
第十二节	松枣摆手堂	（158）
第十三节	槐划坪	（161）
第十四节	祠堂堡和落田堡	（162）
第十五节	义渡田、学田和庙田	（163）
第十六节	伴湖的官邸沟、营山、万人坑、吴撒守山、银子洞	（164）
第十七节	花园村	（166）
第十八节	王拨落洞	（169）
第十九节	插帽金花山	（170）
第二十节	迎师坪	（171）
第二十一节	绣屏拱座	（173）
第二十二节	玉笋山	（175）
第二十三节	板　桥	（176）
第二十四节	神仙打眼	（177）
第二十五节	舟散坪	（179）
第二十六节	天马山	（180）
第二十七节	七七里遗址	（181）
第二十八节	瓦场	（182）
第二十九节	空心桥	（183）
第三十节	竹桥	（184）

第三十一节　周家码头 …………………………………（185）

第三十二节　瓦棚塆 ……………………………………（186）

第三十三节　缱子塆 ……………………………………（187）

第三十四节　撒网石 ……………………………………（189）

第三十五节　万马归朝 …………………………………（190）

第三十六节　响搪和六代湾 ……………………………（193）

第三十七节　司柳口 ……………………………………（194）

第十二章　远郊 ……………………………………………（197）

第一节　水坝洞 …………………………………………（198）

第二节　马蹄寨 …………………………………………（199）

第三节　九龙蹬 …………………………………………（200）

第四节　颗砂 ……………………………………………（203）

第五节　南渭州列夕祉草 ………………………………（204）

第六节　王村 ……………………………………………（206）

第十三章　毗邻县 …………………………………………（211）

第一节　湖北来凤县百福司镇"舍米湖"
…………………………………………………………（212）

第二节　老司城文化源头 ………………………………（214）

附录 ……………………………………………………………（225）

1. 老司城万马归朝记 ……………………………………（226）

2. 民间传承的古建筑赞颂词和诗词 ……………………（228）

3. 民间传统歌曲与现代歌曲 ……………………………（232）

4. 明代老司城八街九巷和九坊二口具体位置 ………（236）

5.《铜柱歌》……………………………………………（239）

6. 世界文化遗产地
——永顺老司城廉洁文化故事 ………………（248）

撰写本书参考引用资料……………………………………（259）

后记…………………………………………………………（262）

第一章
生 活 区

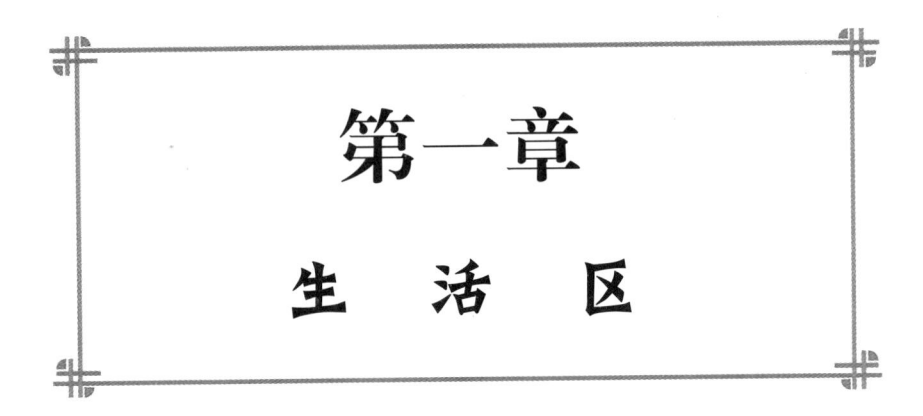

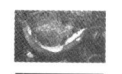

第一节　吴来坪

吴来坪，兴于唐代。

吴来坪，在凤凰山左边即凤凰左翅处，占地四亩，因吴著冲从司城白砂溪沿头龙洞走出，再从龙潭城走出，来到凤凰山左翅坪场定居而得名。时值唐中和三年（883年），西南蛮夷地可自置刺史。吴著冲就是唐末溪州最后一任自任刺史，也是溪州最后一任八部大王。他与今龙山地界的春巴冲、惹巴冲结为兄弟，势力更为强大，做出很多坏事。《永顺县志》载有："永顺始于彭，又始于吴也。"《龙山县志》卷六载："其先有老蛮头吴著冲，今邑之本城洗罗、辰旗、董补、洛塔、他沙诸里，皆其世土……""又有惹巴冲者，与吴著冲结为兄弟，今邑之明溪、五寨、坡脚、捞车、二梭、三甲、四甲诸是皆其世土……"

上述史记与民间传说吻合。吴著冲居吴来坪，是溪州及周边地区最大蛮酋。

吴著冲一生做诸多坏事，到晚年70岁更用两条措施维持统治。一是招驸马，欲使女婿当上八部大王接班人；二是招选科洞毛人，努巴嘎巴、田好汉、昔枯热其等溪州本领高强者为大将。结果他女儿顺从了驸马，几名大将也顺从了彭士愁，最后自己死在洛塔山界。溪州变成女婿彭家领地。这就是报应，连亲生女儿都会选择正义背叛父亲。

吴著冲的罪过包括与伯父吴着甲的几个儿子争家产，联手惹巴冲、春巴冲杀死他几个堂兄弟，还杀死了为堂兄弟帮忙的很多平民百姓。

1975年至1980年，老司城村集体开田时，在吴来坪遗址处发现很多屋柱、扇磴，由地面砖、河卵石铺的天井，还出土了两截溪州府（吴著冲衙署）大门枋。青石岩门坎枋上雕刻有鲤鱼跳龙门花纹，其石质花纹均与彭氏都督府内出土石料不同。彭氏内罗城（都督府）出土者，多为从百里外五官坪运来的磨石岩和浮雕花砖等。那里的花纹多为狮子、麒麟、莲花之类。这就证实吴来坪应是溪州衙署，吴著冲是溪州自置刺史并自称八部大王。

吴来坪地名要往后传承，很多地面地下的文物要守护传承好。

第二节　堰塘坪和堰塘垮

堰塘坪，堰塘垮，源自唐代。

堰塘坪是唐末吴著冲居吴来坪时建造的洗浴堰塘。传说吴是鲤精所变，全身长满鲤鱼鳞片。鳞片坚硬，刀砍不入，火烧不伤，箭射不透。又传说他身高丈余，青面獠牙，吃生不吃熟，一餐能食几斤带血生肉。他怕百姓耻笑而不愿下灵溪河洗浴，每天派百余名贫民从两里多路外的灵溪河挑水灌满堰塘。这两里路又是陡坡，百姓有苦难言。传说吴著冲每三年要烧百姓房屋一次，他与丫鬟侍女在观火台看火光熊熊燃烧时还会说："巴差！巴差！"

堰塘坪坎下有一台田约四分。这是吴著冲给女儿修造的浴池，今称堰塘垮。传说他女儿长得如花似玉，年方二八时要在溪州内选拔20岁左右男丁，专为吴女儿挑水洗浴。这本不算什么。但据说夏日炎热天，吴女儿洗浴后睡在凉床上，还叫挑水男丁为她扇风。凡吴女儿看不中不满意的，就由吴著冲下令杀死，尸体抛入"万人坑"。理由是女儿裸睡凉床的丑闻不能外传。吴著冲为此杀了很多年青后生。最终在唐末李柷甲子年（904年），江西彭氏得马殷支持来到湘西五溪。彭士愁于后梁开平元年（907年）为吴小姐扇风而得宠，招为驸马。彭士愁后来耐心说服吴女弃恶从善，乃于（907年）年底将吴著冲剿灭于龙山洛塔"吴王亭"。

如今堰塘坪、堰塘垮包括洗浴池均成老司城核心区遗址组成部分。

注：堰塘坪，彭氏在老司城兴城时已改建楼房。

第三节 夕　洞

夕洞，源自明代。

据传是明代土司王专为退役致仕老土司王和王妃前辈修建的居所，占地约五亩。

当时的夕洞是执政的土司长辈休闲享乐设施。它地处彭氏宗祠后面。1953年老司城设第八区人民政府时撤废，留有遗址。

彭氏土司修建凉洞、热洞、夕洞的时间未详，也不知哪一位土司修建。笔者只能根据历代史料和碑刻铭来推测：彭氏土司第二十二任世麒与弟弟世麟和睦相处共同孝敬父母。明代著名文学家、书画家、军事家王阳明评价彭氏有"六德"：敏而勤、富而义、贵而礼、严而和、入而孝、出而忠。《彭氏土司稽勋录》载："十一年彭世麟致仕恬退之余，常怀养育之恩为母求寿，因于颗砂行署之东修建佛阁一座，名曰'蟠桃庵'，且命铜匠铸造观音一尊并合堂圣像花瓶一对，一时金容灿烂佛座生辉。"

第二十五世彭翼南同样尊老爱幼，宰相徐阶给彭翼南写的墓志铭有："侯一步一趋，一语一默，惟大父是傚。政不禀命不敢行，人非旧役不敢任，晨昏之省、膳疾之侍必亲必敬，及事孀母咸亦如之。族尊长必加礼敬，卑幼多周恤之。"

康熙五十二年树立的第三十三任土司彭泓海德政碑文，同样有孝敬长辈记载。可见彭氏土司历代孝敬父母长辈们的事例，受到朝廷表彰和当地百姓称誉。夕洞1953年曾设八区人民政府，后撤废但遗址尚存。长辈休闲处占地五亩，可称寿宫。夕洞遗址和寿宫遗址都是老司城核心区原遗址文化的必要组成部分，后人要将其保护好，阐释好，利用好。

第四节　箭杆坪

箭杆坪，成名于明鼎盛时代。

清代老司城百姓在土司遗址生活区外边，迄今保存完好的436米壕墙内拾得一枝箭杆，因而得名，或由曾在土司王府当过防卫的知情者赓续传承。

箭杆坪为长方形占地约一亩，曾是土司王府贵族生活区。坪中专有土兵值班，备有弓箭、弩、刀枪等兵器，主要是防备西门北门进入匪盗的保安设施。其实，老司城东门有军事湾；城西有枧坊口关卡；北有察闹院的城存兵、响搪关卡；西北官道还有利木湖、洛塔坪、斑竹园等关卡；城东南十余里且有朗溪关卡；城外东南三十里轰响搪有腊惹峒土司常年守关；西北有金鱼搪关卡；正北有岩门搪关卡；北二十里有飞霞关；城西一百里有野毛关；城东南一百八十里有百丈关；城东北六十里有龙伏关，八十五里有纸逢关；城东远处有大坪关，九十五里青天坪有前龙爪关和百栖关。

上述关卡关隘均有土兵常年巡逻防守。溪州府老司城城区乃依山为城，即水为池。《永顺县志》载："永顺一郡，楚南徼地也，万峰插天，蜿蜒盘互，溪流如线峻急湍。"又载："郡城处万山中沙明水白，平坦敞敞，自金银搪望之势同釜底"。

险要的地理位置和环境，加上各处关卡，构成了易守难攻的防卫体系。土司时代确实无人敢与彭氏王府敌对，也未遭匪盗进入。但明末清初各地农民起义不断。1644年，明末崇祯帝上吊煤山结束明朝。但明军王永成、马进忠率残部逃往云南时，曾遭永保土司拦路打扰，因而恨上彭氏土司府。清顺治四年（1647年），王、马二将率部（传说三千人）窜犯老司城，焚烧土司生活区和衙署，老司城正街西头烧成灰烬。顺治七年（1650年），李来亨（李自成孙）、高必正（李自成妻弟）再次带两千兵焚烧土司王府，老司城不断遭受流寇兵燹之灾。民间传说，第十九代承袭的土司彭弘澍长子彭肇桓曾带五百存城兵和事先调集的土兵共计二千五百名土兵抵抗李来亨、高必正溃军，因而受到清廷表彰。顺治九年（1652年），土司王府、衙置在湘、鄂、川、黔周边土司帮助下得以重建。

重建后的箭杆坪都督府和左新衙，构成老司城申遗原遗址、原居民、原文化、原生态的真实性、唯一性体系。箭杆坪之名也作为中国第48个世界文化遗产要素载入史册永世流芳。

第五节　北　门

眼前的北门遗址，成名于明代鼎盛时。

老司城为什么到明鼎盛时才立北门？当地村民口传前代北门原在今北门上方遗址处。彭氏政权鼎盛时，曾在中街与城门楼遗址旁另修一条右街。右街沿着都督府至内罗城西大门外，今436米高墙之下的卵石铺砌的街道即是。右街属彭氏都督府内部管辖，外姓人不能沿街居住。它是北门潭官渡至察闹院前的官道，靠右山边有便道通往钓鱼台、碧花庄（北门潭坎上挖掘时现出遗址）。

右街沿头即外罗城北门跟内罗城北门的重合。两罗城北门均在此处。

右街北门坎上的内罗城北门搭有木板梯，可随时抽放。北门坎下且建有一座卵石铺砌的平台。那是都督府临时停货处。货物多从灵溪河东边热水坑旁上岸转运至此安放。北门功能由此可见。

第二章

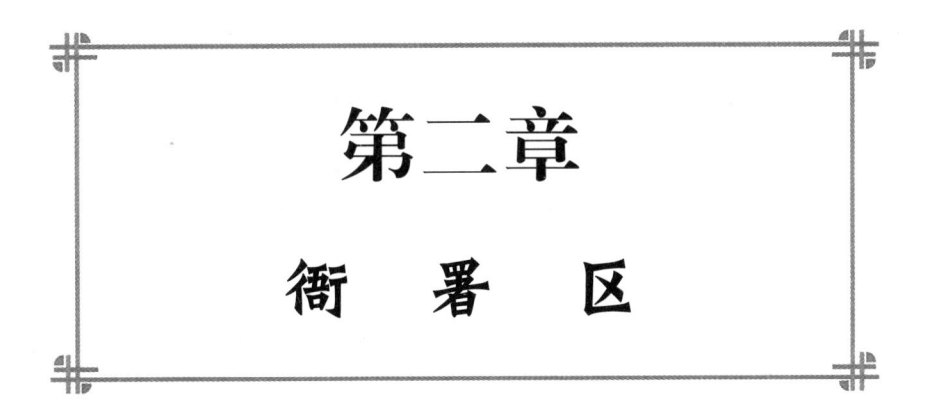

衙　署　区

第一节　凉洞，热洞

凉洞，热洞又称对洞，均成名于明代，传说是土司府官员休闲娱乐处所，取其冬暖夏凉之意。

凉洞热洞占地一亩多，处在衙署区与钦命都督府之间，彭氏宗祠右侧前方。该对洞顶部建有设施齐全的娱乐厅，备有全套吹打击乐器，如：马锣、大锣、鼓、钹、笛、唢呐等，且请有城内表演艺术人员并配备丫鬟侍女，同台娱乐，跳摆手舞、唱灯戏、打渔鼓等。如遇土司王府设宴请客或为朝廷征调获胜庆功，宴会最为热闹。故灵溪河有"滩悬石鼓声声"的说法。司城南门对面的灵溪河滩有巨石如大鼓，巨浪撞击时发出咚咚之声如击鼓，半里外可闻。这浪击石鼓与土司宫"摆手歌"鼓点互相应和。清代邑人彭施铎先生曾为此赋诗云："山叠秀屏屏尾拖，滩悬石鼓歌音和。土王宫里人如海，宛转缠绵摆手歌。"这正是土司时代娱乐厅内跳"摆手舞"和土家声乐音乐器曲协调融合活动的盛况写照。

各场欢乐结束，老司城还要杀鸡宰羊，给大小官员提供午餐晚餐。厨房内有养鱼池和家禽、家畜的围栏。那时官员鸡要吃叫，鱼要吃跳，均须鲜活宰杀。老司城有最好的苞谷酒、米酒，还随时准备有山珍海味。申遗前后，省文物考古所专家在老司城娱乐宫、生活场所发掘出黄牛、野猪、刺猬等几十种动物的兽骨。土司宫饮食器也俱是用江西景德镇专窑烧制的青花碗盘，呈现出明代土司官员的生活享受。

土司宫官员享受凉洞热洞直到改土归流的雍正六年（1728年）。对洞结构一直保留到民国年间。"民国"十八年，土司朗溪关守卡土司彭氏后裔曾在对洞中心开设生铁铸锅厂（俗称倒锅子），供老司城及周边百姓购买。

1953年后，老司城彭氏宗祠内曾设永顺县第八区人民政府。当时为建造厨房礼堂而将外侧一洞撤废，迄今仅剩内侧一个存留，成为承载土司活文化的静止文物。

第二节 头门上

头门上，名起于清雍正年间。

头门上，实为土司衙署的第一台（土司的迎宾馆），因在正街后边坎上，又是衙门的第一台，故人们称之为头门上。

今从正街后边直上五级台阶，72步到彭氏宗祠。彭氏宗祠又名"世宗堂"，是彭氏第二十二世土司彭世麒于明弘治五年（1492年）袭职后所建造的，第二十六世土司彭元锦明万历十五年（1587年）任职后又增设彭氏祠堂碑。清雍正二年（1724年）第二十四世土司彭肇槐迁颗砂建新司城，正遇改土归流。这时虽彭氏家族住在吴来坪和贵族生活区，但老司城城内的三千户逐渐外迁，至雍正六年（1728年）改土归流在猛峒坪设府、设县，至公元1733年彭氏都督府撤废，彭氏祠堂也在荒野之中了。

清咸丰年间曾任永顺知县的陈秉钧题土王庙诗云：

> 割据千秋意如何？雄图偏踞仗岩阿。
> 天环五岭开关塞，地束重滩助甲戈。
> 五代兵残铜柱冷，百蛮风古峒民多。
> 而今野庙年年赛，深巷犹传摆手歌。

陈秉钧知县诗中之意，溪州府城为何建在狭窄的地方，土王庙也在其中荒废了，可悲可叹！

说起这头门上，很有来头。据老司城世代传承，清嘉庆年间，永顺府、永顺县内有彭氏土司的后裔做官，曾几次召集永顺全县彭氏家族聚议，要修缮和迁移彭氏宗祠。为何要迁呢？因彭氏请来一位著名的阴阳先生看地（姓名不详）时说："宗祠要选一个好地方，老司城五百年翻身……"永顺府、县做官的后裔们决定要迁彭氏宗祠。此时正在永顺崇文书院任教的老司城周道凤先生，德高望重，当时府衙、县衙做官的彭氏土司后裔都是周道凤先辈的学生，当时办案，都得事先征取周先生的意见，迁宗祠也请周先生酌酌。周先生当然不同意。其原因在于周姓历代为彭氏土司府衙太医官和太医，太医有著名的"小儿快速提风法"，被老司城人们传颂是"神医"，彭氏土司世代也传承有周氏太医的这份感情。改土归流时，彭肇槐将衙署区第一台迎宾馆东低价售给周姓人家，西边低价出售给李姓人家。周道凤先生的祖先，嘉庆时期当时的头门上正是周道凤先生的四合院两层转角楼，彭氏宗祠正对周先生的神龛，理所当然不会同意，彭氏后裔三番五次请周先生支持无果，彭氏宗祠迁移就暂时搁置下来。

传说，周道凤先生，在永顺崇文书院任教六十年，同治二年回老司城休养余生，在此间周先生的儿子周耀林于同治五年与西头李姓立界碑一块，同治八年周道凤先生去世。

周道凤先生去世后，于同治九年（1870年）闰十月，永顺府衙、县衙彭氏土司后裔们召集族人将宗祠最终迁移至今彭氏祠堂处。屋梁刻有迁移头人姓名，东头首士：彭文标、彭文榜；西头首士：彭承瑞、彭承绪，以上头人均是周先生的学生。据历代老司城传说，落成之后老司城三天三晚鸡不叫，狗不吠，说是彭氏祠堂压伤了龙脉。所以周道凤一族从此衰败，将屋迁东门外定居。付姓人家的堂屋也正对彭氏宗祠，付姓的部分人也只好迁至永顺车坪付家潭附近定居。但头门上之名世代传承。

注：彭氏宗祠人们一称世忠堂，二称土王庙。

第三章

核 心 区

第一节 舟启栈塆

舟启栈塆系清代留存下来的地名。芮家塆左边吴来坪坎下，原有二十多台次不足两亩的土塆，此即后来的舟启栈塆。民间肖姓后裔传说：肖家老屋原在舟启栈码头河街后面的第三台，第四台是左街向盛华后来从集体分得的田（今已征收）。笔者据此推测，舟启栈码头上面河街后面的舟启栈（临时货物栈），土司时代应是肖姓人的住处。肖姓后裔也说舟启栈滩原名肖家滩，祖先曾为土司管理客栈码头。

改土归流时，彭肇槐为答谢肖姓，将芮家塆旁边的二十多台土塆划拨给肖姓人耕种，或属低价售给。因为舟启栈塆离内罗城较近，属外罗城范围。那时内外罗城都是土司管辖。这一塆不足两亩的土地从此归属肖姓人家。

改土归流之后老司城慢慢荒废，人户多外迁。原居正街前的居民，只有靠务农耕桑或做手艺维持生活。舟启栈码头荒废。肖姓人家约在清末民国初，迁至今左街新建并排五间三柱四棋房屋。如今健在的肖元寿、肖相国、肖相东等户就居住左街老屋，并另建了几栋新屋。肖元寿的父亲（已故）做木匠起家。他亲手自建住房，民国年间还建造过文昌阁和老司城小学校木楼及五谷庙守护人住房等。肖木匠为老司城集体、个人修造民房，做了很多值得后人赞颂的事业。

今舟启栈码头、客栈、栈塆、栈滩等地名都是老司城文化组成部分。肖姓后裔是当地住民。这些地名也属老司城原文化遗址，值得传承。

第二节 通朝垱

通朝垱，唐代留存下来的地名。

通朝垱是在今彭氏宗祠左边，约有一亩多地的土垱。其名字由来要追溯至唐贞观年间，吴著冲祖辈六代八至十人次统辖老司城及溪州地。《永顺县志》载："案府志沿革表谓溪州灵溪郡唐中和三年蛮酋分据自置刺史。"唐中和三年（883年），正值吴著冲与溪州周边二十州蛮酋各置刺史之际。吴著冲既是唐末溪州最后一任八部大王又是溪州自置刺史。通朝垱坎上的吴来坪即是当时吴著冲的溪州衙署。吴来坪有两坳平、一垱土，另有一偏坡，总面积约十余亩。传说两坳坪有高大雄伟的建筑群，土湾里建有"洗浴潭"，偏坡建有吴著冲女儿住的楼台殿阁。"洗浴池"坎上山堡是吴著冲与女儿、丫鬟侍女游玩的花园。

溪州小朝廷原在吴来坪。人们去溪州衙署要通过这一亩多地的土垱。此地因而得名通朝垱并流传至今。

第三节　北门上

北门上，名起于清代。

北门上得名应在清雍正二年（1724年）。当年彭氏第三十四任土司彭肇槐将治所迁至颗砂新司城。南门巷陈家人户财产繁衍很快。彭肇槐也遵其父彭泓海遗嘱优待陈姓。后来陈家要从南门巷迁至正街西头（左街正街交汇处，南门巷坎上）。彭肇槐同意陈家在正街西头另建两栋木房。后来南门巷住不下的陈家后裔又有人迁至北门居住。因其地处正街之上土司府衙围墙下边，所以人称北门上。改土归流后，陈姓有人迁永顺连洞石堤叠，有人迁西眉岩扎洞，有的迁麻岔居住。而今仅陈姓始祖陈汝贵一人的后裔就有二千二百余人。

北门上、正街西头房屋存留到中华人民共和国成立后的20世纪50年代才迁移改动。

第四节　西门沙洲

西门沙洲，名起于明代。

西门沙洲因两大周期事件得名：一是明代鼎盛时船只众多。每年停泊南门码头、舟启栈码头、溪泊的大小船都要拖上西门沙洲晒干刷桐油。可想而知，那时的满沙洲皆是大小船只；二是老司城每二三年打"皇醮"一次，或为七天七夜，或为九天九夜。无论如何，最后一个晚上都要在西门沙洲开设"赈济盛会"。届时人们用长木扎成"赈济台"。台梁悬挂12盏大红灯笼，台上摆放赈济案桌，请道士张天仁（晚清）颂念《皇经》。台下有奏乐、烧香纸、撒供果斋粑等专门团队，还有河西会官坪后山的烟花堡烟花燃放队及木桥头陈家的放河灯队。

张道师念唱《皇经》时，各团队配合有条不紊，直到半夜子时来临，锣鼓喧天烟花齐放，斋粑供果撒向人群。溪州大富人家还有抛撒银子和铜钱者。河西烟花齐放，莲花河灯油捻点亮，三四千只莲花灯从牛过水缓缓漂下，灵溪河水面犹如白昼，老司城夜空五彩斑斓。河灯向南漂流用于驱赶或超度邪神野鬼，警示它们不得妨碍人间正道，同时祈求溪州风调雨顺、六畜兴旺、五谷丰登。

赈济盛会结束，老司城及湘、鄂、川、黔边区男女青年在摆手堂欢集，围着熊熊篝火载歌载舞。土家族青年男女在这两三年一次的盛会上喜气洋洋耍至天明，才算打"皇醮"盛会

落幕。

当年老司城这种每逢天干就求雨打皇醮的文化习俗，影响到湘、鄂、川、黔边地。很多地方前来老司城租借《皇经》、请上"开经人"前去打雨醮。这种习俗一直沿袭到民国末年。当地人把《皇经》视为无价之宝，增加老司城神性。西门沙洲因而是传奇之地。

第五节　牛过水

牛过水，名起于明代。

牛过水地在阿弥陀佛岩石左边，因老司城下灵溪河水缓，便于两岸村民涉水来往及放牛过河而得名。

老司城明代号称城内三千户。其中多半居民靠务农耕桑为生。每年的春耕季节，特别是小满前后农事最繁忙。届时从西往东，从东往西的耕牛都要经过牛过水。老司城大人小孩也都知道牛过水这个地名。

其实牛过水最繁忙的现象还是马过水。那时每天有二三百匹骡马运输队经过，绝大多数货物运往土司府内及河东七条街商铺富裕人家。骡马都要从牛过水过灵溪河。彭府的货在河东至热水坑旁一条便道靠岸，再由工人将货物顺着便道搬至北门坎下停货场，然后再转运府内。那时灵溪码头、渡口、舟启栈码头和南门百姓码头包括牛过水的繁忙景象可想而知。

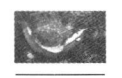

第六节　堂坊坡街

堂坊坡街，得名于唐代。

堂坊坡街是从正街西门到西门沙洲的一段街道。它长35米，宽6米，是正街的组成部分。从西门上正街到中街（文物局现称右街）距离450米，是正街总长度的1/3。后来村民造梯田时废毁。

始于堂坊坡街的这450米正街，乃是老司城八街九巷二口遗址的交通骨架。笔者小时上学，常走堂坊坡街至西门到正街再到学校。2015年申遗前，省考古队在此曾发掘出一段街道遗址。

第七节 西 门

西门，得名于唐代。

老司城的东、南、西、北门和小西门应确立于唐代末期，但各门由哪家住守随时代而变动。如明代魏姓住东门，清康熙年间陈姓住南门，西门王姓从唐代就有定居。永顺颗砂乡弄塔村《王氏族谱》载："其先避秦奔楚至溪州，古为黔中地，因避秦乱南来，先入蛮地，立居于王村，结草为庐，羁栖于此。夫坐镇即久，乃得习蛮人风俗，解其语言，探其巢穴。于蛮训者抚恤之，冥顽者诛谬之，然后征八蛮，平久荒，定五溪。"

笔者曾两次去弄塔村考察"弄塔"地名沿革，得知晚清永顺专署专员来自弄塔村。他将弄塔改名"龙塔"，是为旧时弄塔村别名。

老司城民间传说，溪州彭氏入驻后，得到王、张、向、田、秦等大姓辅佐。今住老司城村瓦场小组的王习明说：他们王姓始祖也是弄塔（龙塔）一脉，早年避秦乱定居王村，唐代迁入老司城住西门并任西门堂坊坊正。后经宋、元、明至清雍正六年（1728年）改土归流止，居住千余年，是老司城居住最早最长的姓氏之一。王习明还说他们王姓族谱已无存，但历代传说初来王村的始祖曾称"麦着王"。他有胆有识能与当地先民融合，因得土民拥护爱戴而称"麦（墨）着王"，即大首领之意。

改土归流时，王姓亲房三兄弟名明仁、明颂、明喜。后来

王明仁迁龙山八面山繁衍发展最快，今已有500余户2200余人；王明颂一脉迁今麻岔辰州塆。王习明则是老三王明喜后裔。改土归流时，他家迁老司城瓦场，靠开荒维持生活。今瓦场王姓共计有5户20口人。

第八节　岩菩萨

岩菩萨，名起于唐代。

岩菩萨名称，应始自唐代。老司城自唐代佛教、道教、本民族宗教均已发达。人们视自生岩柱为"岩将军"，视小岩洞为岩菩萨。八桶湖岩菩萨就是一例。

岩菩萨原在送君坪石拱桥（今改停车场）至八桶湖的捷径路边。当地悬崖下小洞即是"岩菩萨"。从唐代至中华人民共和国成立后的20世纪70年代，凡从老司城去永顺灵溪镇买卖货物（上街或下街），岩菩萨都是必经之路。村民走到岩菩萨之前，都要顺手扯支青草或青树叶，届时放到小洞平台上以示敬意。这里的"青"代表亲人或虔敬。岩菩萨会保佑你出行平安顺利乃至发财。每到年底，岩菩萨小洞平台上的青草树枝积得满满且多数干枯。这时就会有虔信人把干枯枝叶烧掉清扫干净，供行人再放新草新树枝叶致意。

远近村民谁家幼儿不好养，常闹三病六痛，或父母刚得孩子担心根基不稳，由请算命先生指定须结拜岩菩萨作干娘的，父母就测个吉日用提篮盛装刀头肉、供果、香纸等亲临岩菩萨结拜。结拜后的父母要给孩儿另取名字，如岩生、岩富、岩发、岩友、岩强等。这个孩子就既有了"书名"又有了"号名"，或称曾用名。老司城目前就有20世纪60—70年代结拜岩菩萨的几个成年人，如向仕鸿，又名向岩生；向盛辉又叫向岩生；郑长友又名郑岩富。这三个村民都曾拜岩菩萨为干娘。

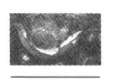

还有岩桩（岩将军）。老司城历代土民视岩将军为"神"，父母担心小孩根基不稳，亦须认岩将军为"干父"。现有20世纪70年代出生的成年人如黄岩云、黄岩发、彭岩贵等，就都拜认岩将军为干父。这种观念现今已淡化。

第九节　麒麟山

麒麟山，名起于明代。

麒麟山在老司城万人坑下边，今喻家堡喻开发家屋后。此处曾有"麒麟口张如舔水，石鼓浪拍如敲音"的说法，石鼓就在麒麟山下。

民间传说老司城上有"石桥仙洞"，中有"麒麟石鼓"，下有"龙洞锁口"和龙潭城。老司城在其中如蓬莱仙岛人间仙境。

但后晋天福四年（939年），溪州刺史彭士愁不满马楚税赋和治边政策，率锦、奖、溪三州土兵万余发难。彭氏后来虽败，但马楚政权亦想息事宁人，遂承诺保持当地土官原职不变，且共立铜柱盟誓承诺："尔能恭顺我无科徭，本州赋租自为供赡，本都兵士亦不抽差。永无金革之虞，克保耕桑之业。"龙洞锁口原像活龙开嘴朝向上游，接收全部清水。一个夜晚，马楚派人用火药将龙嘴炸掉，现在只剩几坨东倒西歪的岩石。又一个晚上，奸人将土司内罗城后三星山过境处龙脉挖断3米。当地流传的说法是：有一天，挖山工匠放工忘记带回大锤和锹，晚上再去工地取，走至相距百米时听到有人说："不怕千把锄头万把锹。"有人发问："那你怕什么？"答曰："最怕铜钉钉断腰。"工匠受到惊吓，急慌慌跑回工地。工头目问："家什取得没？"工匠说："千把锄头万把敲，最怕铜钉钉断腰。"工头受启发改变主意，不再挖山而用钎钉。最终把老司

城将军山用铁钉钉住。民国初年朗溪关彭氏来衙署区凉洞热洞翻铸铁锅时，将很多铁钉挖出倒锅用了。但龙潭城和永顺境内其他山上还有铁钉钉住。这或许说明麒麟山是老司城宝山之一。

第十节　麻池湾

麻池湾，明代。

麻池湾在喻家堡旁边八部湾坎上。明代鼎盛时，土司王府的政治、经济、文化、军事也发展到极盛。佛教、道教一并盛行，老司城竟有10座寺庙。永属三州寺庙就更多。再加上土家族还有三个传统庙会，加上三年一次打皇醮活动，所以城内三千户，城外八百家小孩上学都要用土纸习字，家庭造纸作坊极为发达，麻池湾正是历代喻姓人家泡竹麻处。那时老司城多半人户都能泡麻舀纸，笔者的伯父、叔父和父亲都是造纸能手。笔者祖母鲁隆英在世时讲过，老司城河边有桂竹、水竹、山竹、辽竹，都是泡麻造纸的好原料。泡麻时铺一层竹麻，一层石灰。每年五月份砍麻泡麻，待收割完毕的寒冬腊月，就是从麻池坑取麻，在各自纸棚踩麻造纸的季节。那时白天造纸，晚上将纸搬回屋里，在桐油灯下一张张地揭纸到深夜乃至天明。揭开的纸要凉在竹篙上悬于堂屋中或屋檐下。到腊月纸干了，再扎成把，又扎成捆，每两大捆为一担。每把多少张，每捆多少把都有规定，那时纸市就在附近的石堤西、铜瓦、高坪等地，出售后可换回大米和茶油。

明至晚清，老司城白砂溪、灵溪河沿边均家家户户造纸，也家家户户制香。这些都是老司城的文化工艺。

第十一节　掐合大

掐合大是土家语地名，始自明代。

老司城自古就是先民渔猎场所。商、周、秦、汉到隋唐，土苗先民在此世代繁衍。后来本地人际交往和人名地名多用土家语。那卡塔、阿吉、阮拉巴、务节老等等，都是土家语地名。笔者推测其中有些地名就是人名转来的，掐合大就是其一。

掐合大或许就是明代老司城九坊的一名"坊正"。申遗前后对老司城核心区周围发掘时，桐油枯附近的掐合大出现一座高等级青砖墓。它的封砌结构与土司官山相似。基于中华人民共和国成立以来的老司城人文资料分析，土司之下官职大于坊正者仅有舍把。然则掐合大砖墓主人，至少应是明代先民所任"坊正"，更可能是舍把。

相关证据还有祖师殿铁钟刻有土司舍把向永寿。此次申遗前，白砂溪义渡田后山还曾发掘出向永寿殁后墓葬买地券。祖师殿铁钟所刻"吴著大村"，就是明代老司城所置。吴著大是吴著冲伯父吴著甲后裔的土家语名字。其名转为村名，则因吴著大曾任该村"村正"即"村长"，负有很大责任。土司为朝廷贡献楠木，全靠吴著大村派出劳力采购。雅颂溪陈氏族谱就记有：始祖陈必贵，原籍江西清河县。明嘉靖年间任清河南滇知县。曾奉朝廷之命前来永顺协同吴著大村采购楠木，事后受聘永属州官彭宗显为幕僚，再后来更由土司彭翼南授封"旗长"并世代承袭此职。

笔者据此推测，掐合大在明代老司城的官职不在"坊正"之下。

第十二节　银山枯观景台

银山枯，名起于宋代。

银山枯，是历代传承的地名。按土家语，"枯"是指"山堡"。"银山"之称，是人们对此"山堡"的爱慕之情，又指是个好地方。土司时代安排枹坊口郑姓居住银山枯山下，为土司守城西的最后一道"关卡"。银山枯下，有一块约两三亩的"比条"（语意为平地），是土司王给郑姓划拨的墓地，今有十多座郑姓祖坟墓。

银山枯平地前，是一座山岗，今是观景台。这个山岗实为土司时代都督府衙前的第一座天然屏障，称"笔夹山"，是天然"屏风"，或称"照壁"。过去，人们认为风水的好坏关系着一家或一个家族的祸福兴衰。土司都督府屋基风水属上乘，是凤凰地取生殖处，坐东北朝西南，属艮山坤向。后有福、禄、寿三山，前有第二座屏风，文人称"绣屏拱座"，寓意向土司王叩拜（拱手的意思）。土司王在明洪武六年（1373年）大规模建府，据说是洪武皇帝特许。从第十三世彭思万于中统三年（1262年）归顺元朝，赐印章，授武德将军后，彭氏执行中国土司制度开始，至清康熙五十二年前，彭氏土司有二十一世彭显英、二十二世彭世麒、二十三世彭世麟、二十四世彭宗舜、二十五世彭翼南等被朝廷封为将军。彭氏土司"齐政修教，因俗而治"，上效忠朝廷，下抚湘西和溪州人民，世袭二十八代共三十五位土司，历八百余年，据说这均与都督府屋基风水有关。

第十三节　烟花堡

烟花堡，明代。

烟花堡在枋坊口巷旁边的一座山头，即犀牛山头部。该山头部有一平台，高出灵溪河水面约40米，同土司溪州府衙距灵溪河水面高度基本相等。明代老司城城内三千户全是木房，大部分居民是茅草房。因此，土司规定燃放烟花只限在烟花堡，土司时代烟花堡燃放烟花时间较多。土司王府为朝廷征调、抗倭获胜的庆功宴会，接待朝廷重臣、土司王府招驸马宴会，嫁公主，过赶年及重大节日，还有打皇醮在西门沙洲落幕等都在烟花堡燃放烟花，那时的老司城夜晚五彩斑斓，热闹非凡。

第十四节　八部湾

八部湾，名起于唐代。

"八部湾"的来历很久远，应为老司城初建城之时。"民国"十九年《永顺县志》沿革载："梁始置大乡县""唐魏徵《隋书·地理志》大乡梁置府，谓大乡今永顺县地是也，而辰州府志载，永顺司梁为福石郡，陈曰灵溪县。"

据上述记载，梁武帝肖衍天监年（502年），老司城设福石郡，以福石山而命名。"陈曰灵溪县"，指陈武帝陈霸先永定年（557年）的命名。老司城早期名是"福石城"。因土司十三世彭思万执行土司制度是宋理宗景定三年（1262年），1262年之后则称之为"司城"或"土司王城"。第三十四世彭肇槐于雍正二年（1724年），将治所迁颗砂建"新司城"，有新就有旧（老），之后就叫老司城。今老司城又成功申遗，永远是老司城了，并将载入中国史册。

八部湾有一条山沟叫"八部湾山沟"。据传说，原八部大神庙建在今沟边田里，因土司时代某年灵溪河遇特大洪水，将八部大神庙淹没，之后，土司王府将八部大王庙迁至桐油枯（今喻家堡）坳坪坎下重建，今有遗址。因而，原遗址处就叫"八部湾"，山沟也就称"八部湾山沟"。

注：八部：即古代酉水流域（溪州）有八个部落，每个部落有一个王，即八部大王。

注：本书地名故事"湾"字，距灵溪河、白砂溪较近的用"湾"字，较远的用"塆"字。

第十五节 水碾坊

水碾坊，明代鼎盛时期。

老司城及溪州境内，明代土司鼎盛时期的经济已有很大发展，农业、手工业尤为突出。农民种植有玉米、黄豆、小谷、小麦、荞、豌豆、燕麦、杂豆等。在山沟、小溪有水源的山坡开成梯田种稻谷，山坡上种旱谷、糁子等谷物。这些谷类粮食是当时人民生活的主要来源。加工工具最初用礁舂、磨子推加工成米粮，以后发展到用水碾，碾成米粮供人们食用。过去分干水碾房和水冲碾房。但老司城水源好都是水冲碾坊。从明鼎盛时期老司城及附近水碾坊有：灵溪河司柳口、老司城见亲垱门前、白砂溪内田家湾、许家坝、螃蟹山等地的水碾坊。

水碾坊到过春节前尤为繁忙，人们到碾坊加工谷物要排队，按先后顺序编号。加工者还要自带被子夜晚守着，方才轮流下碾槽。如小谷、大糯谷用水碾成米，腊月二十五、二十六要打年粑。老司城水碾坊一直沿用至20世纪60年代，以后才被机械取代。

第十六节　万人坑

万人坑，名起于唐代。

万人坑，民间传说是吴著冲晚年杀人后将死尸扔在这个坑里，故名万人坑。

据史料记载：唐中和三年（883年），我国西南蛮民地区可自置刺史，吴著冲实为唐末最后一任溪州自置刺史。传说，吴著冲父亲叫吴着冲，伯父叫吴着甲。据说吴着甲五代同堂儿孙遍及老司城，而吴著冲是独子自称八部大王，60岁仅生一个女儿。吴著冲坐镇吴来坪，每三年要烧百姓房屋一次，那时百姓房屋全是茅草屋，派人点火之时，吴王坐在吴来坪观火台，并有丫鬟侍女陪同饮酒作乐。每当大火燃起，他说："巴差！巴差！"（土家语意为好看！好看！）

传说，吴著冲与伯父吴着甲几个儿子争家产，即为争白砂溪龙峒，万代屋坊田土，弄塔（龙潭城）田土。弄塔上百亩，而白砂沿头只有十几亩。吴著冲联合惹巴冲带兵，在某年双方厮杀一个晚上至天明，死了几百人，吴著冲将死尸扔入这个坑里。

传说吴著冲女儿年方二八之时，为选驸马也杀了很多青年后生，抛入此坑，这"万人坑"是吴著冲一人所为。吴著冲死后被彭士愁封为吴著都督土地神，庙就叫吴著都督土地庙，庙在半坡街。2002年修游道时，在万人坑上建了桥，此桥名为"万缘桥"。

第十七节　龙朝湾

龙朝湾，名起于清代。

龙朝湾在天马山的左侧，灵溪水绕天马山而过，形成一个深潭，人们将"潭"取名"龙朝湾潭"，上边有一弯梯土延伸至插帽金花山下的路边，也叫"龙朝湾"。龙朝湾之名是清代土司时代形成的。传说有一土司王将很多白银扔进龙朝湾深潭里，在寒冬腊月让青年后生入水摸银子。事先说摸得银子的不杀，摸不着的就杀，青年男子们奋力入水摸。上岸后，结果摸得的和未摸得的统统杀死。还说："我不杀你们，你们就会偷我府里的银子。"所以人们将天马山比作龙，天马头朝土司王府，眼睛鼓得大大的，痛恨土司王无道。司城百姓将此潭称为"龙朝湾"，这一弯梯土也取名"龙朝湾"。

第十八节　马蹄壳

马蹄壳，名起于梁、陈时代。

马蹄壳，按"民国"十九年张文卿（又称张孔修）编写的《永顺县志》记载，梁武帝肖衍天监年（502年），老司城设福石郡，梁、陈时代至今一千五百多年，福石城，是老司城早期城名。

老司城早期郡府、县府官员多，文人多，过往客也就多了，有识之士对老司城的山水、风水等地理特点研究而得出结论。有了"天马山"才有"马蹄壳"。

"天马"即"神马"。传说是孙悟空大闹天宫，玉帝派十万天兵天将无法捉拿，太白金星启奏玉皇大帝，给孙悟空封一个有名无实的"弼马温"。孙悟空在水草茂盛的银河边放马，由于监管不严，数千匹天马在银河边食草，其中一匹天马经南天门逃至老司城核心区南边，成了天马山。所以，清代文人（作者不详）对老司城山川美景仔细观察后，写下《十八景诗》。第一句就是"南乘天马过灵溪"。天马为何要过灵溪？它长年累月昂首阔步如飞般地腾在河西，想看一看河东王城的繁荣景象，想看一看摆手堂前人们跳摆手舞、茅古斯舞、敬天敬地敬英雄的隆重热烈盛况。故而腾空而起，但它因匆忙慌张，不小心一只脚在今风雨桥的岩石上蹬了一脚，形成了约"米筛"大的马蹄痕迹，从此马蹄壳地名就流传了下来。

人们说，人有失错，马有失蹄，神马也失蹄。马蹄壳为老司城山川美景增添一景，即"南乘天马过灵溪"，《十八景诗》每一句为一个景点。

注：2002年在修东门至祖师殿游道时，桥面被修路工人覆盖，文物部门的同志说过，将马蹄印留下，游道绕过马蹄印，建言未成。

第十九节　雅草甘泉

雅草甘泉，名起于明代。

据老司城魏、周、朱、向、郑等十多姓氏的历代传承，明代老司城城内三千户，城外八百家，号称中国第二南京城，或称"小南京"。城内外山川美景和茂密的森林，赢得世人赞美向往。故明代风流才子唐伯虎（唐寅），在明正德年间一个盛夏，邀伴来老司城游玩。据传说他们是从王村至石堤西洗坝湖，再从洗坝湖经行波坪到太坪山下的接官亭休息。当时，土司王彭明辅派官员迎接至接官亭。他们行至摆手堂后面的一水井时，口渴难耐，便喝水休息。唐伯虎吟起诗来：

天外浮云总渺茫，山间流水玉辉光。

千寻匹练悬岩落，一道银河到海长。

和月掬来还有影，带花汲去岂无香。

随流好入华阳洞，莫向天台问阮郎。

第二十节 石 鼓

石鼓,名起于明代。

土司鼎盛时代,老司城郑、向、魏、朱等历代传承。老司城上有"石桥仙洞",中有"麒麟石鼓",下有"龙洞锁口",老司城是犹如蓬莱仙岛一般的好地方。老司城南门对面的灵溪河靠岸处,约一个多平方圆形像鼓的石头平放于石板上,石鼓高约一米。传说,过去水涨,石鼓也涨,无论洪水多高,石鼓总在水面露出三尺。此处,有"麒麟口张如舔水,石鼓浪拍如敲音"的说法。灵溪水一年四季撞击着石鼓,发出的声音宛如一曲声调和谐、悦耳动听的轻音乐。土司时代灵溪河浪拍石鼓声与土王娱乐宫里的摆手舞击鼓声相应和。清代邑人彭施铎先生赋诗赞云:

　　山叠绣屏屏尾拖,滩悬石鼓歌音和。
　　土王宫里人如海,宛转缠绵摆手歌。

第二十一节　碧花庄

碧花庄，名起于明代。

明洪武年间，老司城大规模建城。据老司城朱、魏、向、郑、周等历代老人传说，明洪武六年（1373年），内罗城中有：钦命都督府、鼓楼二座，鼓楼后有照壁，都是在洪武初年建造落成的。建城需要花草树木来陪衬，当时在神仙打眼对岸的一座山腰，修建一座碧花庄，还建有楼台殿阁，四周有围墙，植树种花面积约30亩，专派田姓人家住庄看守，培植各种花草树木。据说，树木以桂花树为主，花草种类繁多，有百余种。到明代鼎盛时期，土司王嫌碧花庄园小了，就派田姓人家除留下少数人看护碧花庄外，大多数人又迁至岩门搪上面叫"门上"的地方栽种花草，即今日的花园村。花园村有花园坑、花园门上和花园坪。面积很大，因种花面积宽，人员也多了，从那时就不再叫庄，改名花园村。至今花园村有门上、坑里、岩门搪、中寨、杜家湾、花园坪等，现在的花园村之名，是沿袭的明代村名。

第二十二节 会官坪

会官坪，名起于南宋。

南宋绍兴五年（1135年），彭氏第十一世溪州刺史彭福石冲撤会溪坪治所，废龙潭城，在老司城兴城。彭福石冲认为，治所设在会溪坪易受楚汉骚扰，治理溪州在政治、经济、文化、军事方面常受阻。后人认为彭福石冲眼光开阔，只有在这易守难攻的天然城池兴城才能得以发展壮大。自南宋绍兴五年（1135年）之后，将"会官坪"即渡口码头坎上的一个坪，作为外来宾客的会面场地，会官坪至枹坊口巷约一百米处土司时代设有关卡，由郑姓人家把守。土司王规定，凡从西进入老司城外来官员骑马的要下马，乘轿的要下轿，步行至会官坪。经守卡人报告土司后，土司王府派值勤人来会官坪会面，然后迎至官用水井上面会官亭中休息。在此间，土司迎接会面的官员询问来者的身份和目的、住多少时间等。据说，土司有三条措施：来者年轻有文化、长相好，则被土司王府招为驸马；若成婚者则在府内外封官或从教；若发现来者有阴谋，对土司执政有害无益者，暗审关押软禁，永不能回家。老司城族谱中就有上述之例，正街中间段居住的付姓《付氏族谱》载："祖籍江西火烛巷，江东门前下马，源远流长。""世祖伯公，生于明万历三十四年，万历年间来老司城，土司首府见付有学识才华，深为土司器重，礼为上宾，并将宗氏之女妻立，荣为彭氏乘龙快婿，定居福石城。"付氏伯公殁后葬桐油枯后山"珍珠山"。

又例，明洪武六年（1373年），当年考取进士的丁洪信来老司城，一是赐永顺土司新印一颗，三知州，六长官印九颗；二是朝廷闻听老司城土司大兴土木修宫殿是否超三品官职权；三是作为察访使察看溪州民情。土司官员到会官坪会面后，接至土王府热情招待被招为驸马。当时封官丁未接受，自愿为土司教学，在老司城东门义学堂任教。婚后插户到抚志（茶湖）落户居住。之后的大茶湖、小茶湖及永顺丁姓人至今繁衍近3000人，大部分是丁洪信一人的后裔。

第二十三节　偏　岩

偏岩，名起于唐代。

从唐贞观之治开始，受唐代佛教道教影响，福石城的宗教文化得到发展。如祖师殿、观音阁、玉皇殿、水府庙、下游龙潭城对岸石壁崖上还有"天王庙"。偏岩是去福石城城南方向的唯一道路，是去铜瓦溪、西眉、高坪、小龙村、王村等地的必经之路。偏岩的具体路段，上从空心桥、灵溪河东竹桥坎上，下至舟散坪坎上止，约700米。偏岩得名于路在悬崖上很危险，不安全，行人靠内走，故名"偏岩"。明代土司王号召百姓植树于路边，一为护路，二为行人安全。福石城东门魏姓中的孝子魏国梁堪比历史上的二十四孝。老司城十八景诗中的"感泉雅意温和酿"，就是指魏国梁葬父时夏日炎炎，抬丧人口渴无法前行，魏国梁寻到路边一口干涸的泉水坑，跪地痛哭父亲，孝心感动天和地，干水坑冒出水来。抬丧人饮水安葬的故事被福石城人们历代传承颂扬。魏国梁为答谢神灵，答谢乡民，在偏岩路段处植下松柏树。之后，不知魏姓中的哪一代、哪个人，又将偏岩柏木树出卖给高坪松柏白腊的富裕人家。当时老司城灵溪两岸的人们得知消息，由城内外知名人士牵头，全城人民出资，将偏岩路段柏木树买下，一直保留至今。尽管在1958年"大炼钢铁"和"十年动乱"中，偏岩路段柏树都保护下来了，谁也不敢砍伐。因上述原因，自然形成乡规民约，全城人遵守，延至老司城申遗之后被专家们命名为"松柏古道"。"松柏古道"之名将同世界文化遗产一道，载入史册。

第二十四节　珍珠山

珍珠山，名起于唐代。

据民间传说，老司城在唐贞观以后就是一座繁华的山城，来老司城的人多了，对老司城神奇的山水美景吟诗作画者就多了。在桐油枯山堡的后面有几个小山堡称珍珠山，又称遍地撒珍珠。珍珠山下的白砂溪边有一座山叫螃蟹山。老司城历代传说"螃蟹戏珍珠"，因珠是圆的，螃蟹用脚爪抓珍珠抓不着。实际上隔一条白砂溪，螃蟹永世抓不着珍珠，所以人们就把此处叫"螃蟹戏珍珠"。今葬有多座坟墓于此。

第二十五节　赶乞垱

赶乞垱，名起于明代鼎盛时期。

明鼎盛时期，城内三千户，城外八百家。文人有诗为证："巍巍乎五溪之巨镇，郁郁乎百里长边城。""福石城中锦作窝，土王宫畔水生波，红灯万盏人千叠，一片缠绵摆手歌。"城市人多了繁华了，来城乞讨的乞丐也就多了，八街九巷二口乞丐到处都有，客栈旅馆处处可见，有时有上百个乞丐，如遇闹灾年份乞丐人数或上二三百人，在八街九巷乞讨。传说有一年寒冬，朝廷派礼部、兵部尚书带一帮人来老司城检查彭氏土司执政情况和了解民情，土司王将所有乞丐集中到一个垱里，给他们派人送饭食。并派人给乞丐临时搭建一个茅草房，地上铺满稻草，百名乞丐也能住下。可是，这个冬天特别冷，半夜过，约四至五更时，乞丐中有的出坏主意，因太冷睡不着，便抽屋上茅草生火取暖，大火将茅草房烧了，熊熊烈火，火焰冲天至五更。土司王派察闹院存城兵五百人将烈火扑灭，一气之下五百存城兵将百名乞丐赶出城，之后这个土垱就叫赶乞垱，至今仍叫此名。

第二十六节　阿弥陀佛石桩

阿弥陀佛石桩，名起于唐代。

老司城木桥西头的一个自然石桩即是"阿弥陀佛石桩"。

佛教在西汉末年，已从西域传到中国。东汉时，明帝永平七年（64年），派人前往天竺求"佛经"。唐代贞观三年（629年）八月，玄奘从长安出发，历经万水千山，艰难跋涉，至贞观十九年（645年）正月，携657部经书回到长安，受到唐太宗李世民的热烈欢迎。至武则天时代，中国佛教已发展到鼎盛时期，影响到老司城。老司城的观音阁就是在唐贞观之后，吴著冲的祖先所建，之后的观音阁在彭士愁时代重建。

众所周知，吴承恩撰写的《西游记》说，唐僧每到一艰难时，如遇强人（妖怪），就双手揖合，口念"阿弥陀佛"。老司城民间故事中，有唐代左和尚南海普陀朝香取经的故事，左和尚花三年零六个月，从老司城到南海普陀庵取经回到观音阁，路途不知念了多少次阿弥陀佛。所以，木桥西"阿弥陀佛"岩石能保佑百姓的平安，赐幸福，除灾祸，是人们崇敬的"神"。

老司城桥头的阿弥陀佛，从唐代经宋、元、明、清、民国至今一千多年了。老司城灵溪河凡涨洪水时，水淹阿弥陀佛，渡船不能渡，更不能渡客。民国之前，老司城还造有大渡船一艘，可乘坐小孩50—60名，大人30人。渡时，渡船船头两个男人使劲用木拔抓水。船尾安有舵，舵手使用竹竿和木桨，在

船尾掌舵。自唐代至民国，经常用大渡船渡客。千百年来官渡、民渡从未出现过翻船和乘客落水的事件，这都是阿弥陀佛为民赐福保平安的结果。所以，"阿弥陀佛"（岩石）是老司城人民心目中崇敬的"神"。

第二十七节　会官亭

会官亭，名起于明代。

明洪武年间，老司城大规模建设，安全设施是土司王府的头等大事。东建有"接官亭"，南有"军事湾"，北有响塘、察闹院，西有枥坊口关卡。

"会官亭"建在"官用水井"坎上的一个平台，属木构六柱亭。过去凡西、北来客（重要官员）时，经会官坪询问后，再引邀至会官亭，一作休息，二作二次询问，询问来者身份、目的、居住时间等情况。

土司时代，枥坊口关卡、会官坪、码头、渡口、官用水井、会官亭等，是一条龙接待、询问了解身份的设施，是为土司王府执政官员，提供切实可靠信息的重要场所。

第二十八节　渡船口

渡船口，名起于宋代。

渡船口，又称渡口。《永顺县志》记载：老司城下游有朗溪河渡口、哈尼公渡口、列夕渡口、勺哈渡口、王村渡口等，都是从宋、元、明、清沿袭至民国。渡口的船工享有"义渡田""义渡土"。老司城附近的石堤、羊峰、勺哈、连洞、吊井等地，均有土司王府划拨的庙田。义渡田为老司城土司王府管辖和使用。老司城附近有送君坪义渡田、白砂溪（犀牛潭）义渡田等。渡船工，又称船老板，享受义渡田的收入。若不够使用时，还可在民间乡民家收取银钱或米粮。老司城渡口的船工（老板），从土司时代开始以向姓为主，"民国"年间以后有向才贵、向用鑑、向盛凤、向盛文，喻家的喻明道等，目前的船工是村民向世芹。灵溪河老司城渡口的船工服务精神，千百年来为灵溪东西两岸的人民所颂扬。

第二十九节　水碾坝口

水碾坝口，名起于清末。

晚清时，老司城向姓的向大鹏负责（是转接搏射坪沈家的）灵溪河水碾。水碾洞盘今存，但棚屋被洪水冲走。水碾坝口在灵溪河东，坝口是为上、下行船放的通航口。

上、下行船通航处，即水碾坝口。坝口上百米处又是土司时代的"官渡"。土司王府住生活区的人员去吊井别墅、永顺别墅、颗砂别墅、壶窝（河沟里）别墅，都要通过坝口乘官渡船至察闹门前的官道。至今已没有水碾坝，也没有坝口了，但还有官渡船拴船的大铁锚沉在北门潭砂石之中。2000年时发现的约50斤的小铁锚已有人拾得，并出售给永顺废旧公司。

第三十节 南门头

南门头，名起于明代。

南门码头是老司城所有码头中最大，最繁忙，卸货、启航船只最多的码头，人们称之为"南门头"。南门码头是百姓的码头。土司鼎盛时期，居住在正街、中街、左街、河街、右街和巷口以下的五铜街、向家湾、芮家湾、紫金街（东门街）、小德政碑以下的半坡街等居民，他们的生活用水都取自南门头，服务土司王府的各姓氏官员每天酉时下州府衙回家办私事都在南门码头。这里每天12个时辰人员川流不息。还有堂坊、纸棚巷、南门、五铜街巷居住的向、芮、许、肖、陈、付、王、彭、谢、周、李等十多姓氏，他们的户数、人口数，占老司城内总户数、总人数的70%。每天南门码头人员密集，十分繁忙。老司城曾有中国"第二南京城"或"小南京"之称，颂词中有"赛过西京城（指陕西咸阳）"一句。这些，即是对老司城山城（指灵溪两岸）和南门码头人流不息的赞颂词。

第三十一节 溪 泊

溪泊,名起于明代。

老司城彭氏土司都督府,于明代洪武年间已大规模营建,历代文人颂词有:"五溪之巨镇,百里之边城。""福石城中锦作窝,土王宫畔水生波。红灯万盏人千叠,一片缠绵摆手歌。"这些名句和诗篇都是对老司城当前盛况的真实写照。

城内三千户,城外八百家,估计有 2 万人左右。日有千人进出,夜有万盏红灯。这些人口吃、穿、用来源于何处?有从常德、长沙运来的生产资料、布匹、食盐,从江西景德镇烧制的碗盘,还有溪州土特产入贡,运进运出主要靠南门头和舟启栈。据历史记载,土司时代主要有两条运输通道:一是水运,从龙潭城朗溪关用小木舟运至南门头和舟启栈卸货。溪泊土司王府当时停泊木舟最多达 30 只(艘)。小舟不仅可直接运输物资商品,还可供土司王府捕鱼,还可接待朝廷重臣和外来宾客。如刘健、王阳明及徐阶三位学士殷护老司城彭氏土司,徐阶的门生朝廷锦衣卫仝云州、吕松泉、庠士杜太行等携家人前来老司城游山观景,下河捕鱼。那时老司城南门头至溪泊共停泊 50 只(艘)小木舟。顺灵溪镇河上 5 里的射圃门前长潭停泊 50 艘小木舟,用于训练水兵,上百只小木舟经常上下合用,溪泊一带就停泊得更多了。

另一条道路是陆路骡马运输,每天 300 余匹骡马进出。骡马队走的是一条捷径,从枒坊口,到下别些,再到上别些的田

家湾，再到马屎坝，再上扶志坪下列夕码头。那时的列夕码头卸货启航最繁忙，南渭州府衙在列夕芷草，距列夕码头最近，州内官府人员去王村即从列夕码头启航。土司时代，永顺县猛洞河航运还未开通，是在雍正六年（1728年）改土归流之后，永顺猛洞坪设府、设县，流官在永顺府执政时将永顺猛洞河开通。这些都是溪泊停船多的原因。

以下注解三位学士：

①刘健（1433—1526年）：字希贤，河南洛阳人，明朝中期内阁大学士，内阁首辅。

②王守仁：幼名云，字伯安，号阳明，人称王阳明。浙江省余姚市人。王阳明生于明宪宗成化八年（1472年），卒于明世宗嘉靖八年（1529年），是明代著名的思想家、教育家、文学家、书法家、哲学家和军事家。王阳明对彭氏土司称六德：敏而勤，富而义，贵而礼，严而和，入而孝，出而忠。

③徐阶（1503—1583年）：字子升，号少湖，松江府华亭县人。存斋是他的号名，明内阁首辅（宰相）。

徐阶在王阳明六德基础上加称："夫学莫贵乎勤，利莫先于义，接人莫急于礼，驭众莫要于和，立身莫切于孝，报国莫大于忠。彭氏世有六德，恶德不贵盛而悠远乎？"

第三十二节　送君坪

送君坪，名起于唐代。

《永顺县志》（"民国"十九年张文卿编写的县志）载："天授二年（691年）置溪州曰灵溪郡。"南宋绍兴五年（1135年）彭福石冲在老司城兴城至明鼎盛时期，凡都督府官员去南渭州或去长沙，都要到送君坪骑马至南渭州列夕码头改乘船，再到王村集散码头改换乘大渡船。因此，自唐、宋郡府首领人们称为君王；元代、明代、清代土司王，人们也称君王。凡君王出远行，郡府、州府、都督府大小官员、城内街坊及百姓送君王到枏坊巷沿头的坪里，君王骑马的坪地，称"送君坪"。然后，君王骑马经下别些—上别些的田家湾—马屎坝—抚志下到列夕码头乘船，到王村集散码头改乘大渡船，过去送君王之坪地流传下来。老司城遗址申遗成功，今送君坪变成玫瑰园，四季玫瑰花盛开，接待中外游客观赏，送君坪地名仍然不会被人们忘记。

第四章
城内居民区

第一节　五铜街

五铜街，宋代得名。

话说彭福石冲于南宋绍兴五年（1135年）兴建老司城时，朱家堡前街曾有五家铜匠作坊，故名五铜街。其实朱姓始祖就是铜匠。

湘西铜匠史还可追溯到唐末甲子年（904年）哀帝李柷时。当时江西彭玕彭瑊兄弟败于官军杨行密，转投湖南马殷，就携来江西百艺匠人及亲属一千多人。其中部分人后来进入溪州。彭福石冲前来老司城兴业时，乐于把溪州早先居住五铜街的铜匠收纳入城。

五铜街在土司时代十分繁华热闹。居民不仅有朱姓，还有向、张、宋等人家。后来这块圆堡上还先后建有府县城隍庙、关帝庙、若云书院和关帝小学，俨然构成老司城九坊之一。

第二节　南门巷

南门巷，唐代得名。

它实为左街至南门的沿头短街。它何以称"巷"？皆因巷给人的印象比街要窄而周边落户更显密集。老司城巷道一般2米多宽，但更紧要处河西枘坊口巷宽达2.6米，南门巷更有3.3米宽。土司时代建街要根据地势决定，南门巷是城内正街、五铜街、左街、河街交叉口，最为繁华所以最宽，但其总长不足200米且多姓杂处。

清道光三十年成文的老司城《陈氏族谱·序》有载："当闻礼载敬宗之文，书传睦族之曲，则知人有宗族亦犹夫木有分枝，水有分派。为之后者，能不由枝派而溯本源乎？想我始祖前明崇祯年间自西蜀而迁贵州，至康熙庚戌岁后迁于永邑旧司城，传至于今历世已甚远矣……"据此可知，陈姓先世曾长期为土司看守南门。

老司城正街村民陈德星老人介绍到：始祖陈汝贵于康熙庚戌岁即阳历1850年迁来老司城南门巷定居。时值彭氏第三十三代土司彭泓海推行德政仁政，受到溪州及老司城居民拥护爱戴。彭泓海看中陈姓始祖陈汝贵才干，延请他到老司城最繁华街巷定居。故老恒言，陈汝贵入住南门巷即开设东西门面，经营农商百货生活用品，生意兴隆。20年后陈氏家发人兴，南门巷扩建住房数栋。改土归流后，又扩建房屋到正街西头并于北门上又建造新屋。之后更买下龙潭城（弄塔）田土，于中华人

民共和国成立后转归老司城雅颂溪生产组集体所有。

陈汝贵后裔在清代改土归流后,有的迁永顺连洞石叠;有的迁本村洛塔坪;有的迁麻岔岩扎洞。南门巷陈姓加上外迁后裔,目前发展到五百余户,二千二百余人。

第三节　芮家垱

芮家垱，明鼎盛时代得名。

老司城鼎盛时名声远播，号称"二南京"。四门来往行人每天2000人以上。传说当时远方迁来一户芮姓汉人客商，买下左街至半坡街处有土垱地，并在临街处开设"芮氏百货商铺"。几年后芮家发财，诗曰："生意如同春雨水，财源更比水源长。"芮姓主人为感谢土家人热情，曾设宴答谢当地旗长、峒民总管、寨长、街道坊正、管理城市的大小官员。摆上几十桌流水宴席，一连三天百余桌后客量未减，消息远播溪州各地，却遭遇到预想不到的事情。当地人家凡过喜事设宴开席，凡遇乞丐讨吃，都要与当地街坊人等一视同仁。例如客人席桌摆在天坪里，乞丐也要摆在天坪里。芮氏主人不懂这条民俗规矩，误将乞丐席桌摆在朝门外，引发老司城常住乞丐不满，与主人争吵并掀翻桌子，将菜饭酒水倒在满地坪。闹事乞丐还手持齐眉棍在芮氏主人面前讲狠话，乞丐头儿且向外地通风报信。俗语说："一个篱笆三根桩，一个乞丐三个帮。"三天时间聚起二百多名乞丐来吃芮家流水席，一日三餐有增无减，竟然要将芮氏主人开铺钱财吃得所剩无几。左街、半坡街的坊正将事态报给土司王。土司王安排500存城兵和百名临街巡逻员待命，防备乞丐再闹大事。

幸亏存城兵将和巡逻兵头儿头脑灵活且能言善辩，他们出面跟乞丐头儿商议，说："明日礼部、兵部尚书来老司城巡检，

带有很多兵马。土司王有交代,要你们听从吩咐避让。下次土司王府再有喜庆,定然请客补偿。这次芮家错误,就由土司王出面认下。来日承诺服从者赏银十两,不服从者报请朝廷兵部尚书惩处……"当晚还专门给乞丐搭建棚屋过夜。这一着很灵验,多数乞丐停止闹事。但半夜过后,有人起了坏心,扯下茅草烤火引燃棚屋,招致500存城兵和百名巡逻员驱赶。这处住搭过乞丐棚的一塆土从此得名"赶乞塆"。事后"芮氏百货商铺"仍然兴隆,直到改土归流,老司城衰败迁往外地,但留下"芮家塆"地名流传。

第四节 巷　口

巷口，名起于唐代。

巷口在今左街外进入五铜街外约 400 米外。人们在此向西远眺，可见桐油枯（渔度街）、迎师坪、狮子山，最远处能看到绣屏拱座山，向北则可看到锡帽山、玉笋参天山。

反过来，从巷口顺街，自然进入宋代彭福石冲修缮的五铜街了，且可顺街去到文昌阁、关帝庙。这 400 米巷加五铜街统称五铜街，为何称"巷"呢？因皆巷宽仅及 2 米，是老司城九巷中最狭窄的一条，因而称"巷"。原因是向家湾人户密集无法扩宽，从唐代落成未曾改变。这条窄巷中段曾有从唐代沿袭下来的土地堂，一直留存至中华人民共和国成立初期，后来破败，今仅存遗址。

第五节　向家湾

向家湾，明代得名。

向家湾总面积约500平方米，包括左街沿头、半坡街、五铜街巷、城隍庙遗址下的巷口堡。这里住户过去以向姓为主，中间曾有一户许姓到20世纪60年代才迁往石堤九官坪。老司城《向氏族谱》记载祖先曾住永顺小龙村即腊惹峒，后来才迁入老司城定居，至今繁衍二十余代。族谱记载向姓班辈派文如下："有文维敏，鼎士明经，成才大用，盛世锦猷，熙朝麟凤，正本清源，春秋传贤，继先启后，楚桂湘莲。"

老司城向氏后裔谨慎遵守族规族训："父母者，人之本也。族者，人之伦也。同姓者族，异姓者友，自古皆然。考向姓祖先遗史，多系清白传家，耕读为本。爱国家，铸国魂；尚忠孝，守本分；重仁义，友异姓；乐善为，济贫困；敦九族，尊人伦；有义方，训子孙；不溺爱，饥寒经；学贵恒，终有成。"

老司城向氏忠厚传家诗书继世人才辈出。清乾隆二十七年（1763年）曾有向鼎元考取进士，为长沙编修使。同年，鼎元公在今鲁纳铺关帝庙下建造木房，请翰林院同科进士三位书友来老司城祝贺落成并留下"岁进士"匾一块，落款处且盖有翰林院玉玺印。

向姓先祖还有一位陈氏太婆因太公早逝，一人挑起全家重担，维持土家西兰卡普花被面厂，雇请十多位土家姑娘挑花营业，并将成品"西兰卡普"被面销往常德长沙等汉地。太婆发

家后买下四处专屋各值几百担谷，即吊井岩风洞、石堤九官坪、羊峰胡家、颗砂洞等。太婆因而是老司城向陈两姓骄傲，且是向家湾荣耀。

笔者几位先辈的业绩也堪称老司城向氏缩影：曾伯祖向才选习武，曾考取儒武举；曾祖向才友教授私塾，乡人称为秀才；祖父向大荣行中医，他发明的"善符水"和"小儿快速提风法"，曾在当时老司城及周边驰名。先人基业保障了向家湾至今的兴旺。

第六节　杩坊口坳

杩坊口坳，唐代得名。

杩坊口坳是杩坊口巷地头，再往前下阶梯走200米即是送君坪。此处称坳出自溪州及老司城当地民俗：凡三侧有高山或山堡的平坝地均可称"坳"。另外大山谷里两方低，中间山岗平台处，也称之为"坳"。杩坊口坳正是从东巷道下至灵溪河边码头，或从西下阶梯低至八部湾山沟边的送君坪，那顶部平台中间就是"坳坪"。

老司城街巷除渔度街外，都是唐代建立，杩坊口坳也是同样。此坳利用价值很高，所以从山坳口向东沿巷下杩坊口要设关卡，古代举凡来老司城郡府、县府、都督府办事的大小官员，骑马要下马，乘轿要下轿。那杩坊口坳旁边就有马轿安放处。例如骑马官员的马夫，就要将马牵至杩坊口坳巷两侧拴好喂食草料。从山坳口往西下阶梯到山沟的送君坪，则是官员返回驻地的骑马登程处。马夫们事先须从别处把马牵到山坳口等待，亦须喂足草料。杩坊口坳拴马停马的时间多而且长，自然留下遗迹。2003年，老司城修公路时，曾在杩坊口坳拾得明代马铃两颗就是证明。

第七节　东门坳

东门坳，明代得名。

老司城《魏氏族谱》载："良臣公祖籍江西南昌府新建县槐花村，生于甲辰年（1544年），时约十八岁，闻听吴着大村大修庙殿，遂徒步来土司城。先由永属州官彭宗显聘为幕僚，定居东门坳，实为把守城门。之后又得彭翼南援封为旗长，世代承袭。"之后到清代，魏姓人才辈出。先有魏先修自幼聪明好学，擅长诗赋著作，承袭旗长职，管理若云书院东头旗内事务。康熙五十二年（1713年）土司彭肇槐为彭泓海立德政碑时，背面刻写的"仪型千载"五十八旗，三百八十峒的头人姓名，都是出自魏先修手笔。

接下来还有魏先治、魏先登、魏国汉、魏尔承、魏尔庆等历代名人。改土归流时，魏姓有的迁龙山他砂等地，有的迁本县杉木舟，有的迁到老司城附近。现在龙山魏姓有120余户500余人，杉木舟有30余户180余人，老司城及附近也有30户120余人。以上共计180户800余人，均是江西南昌魏良臣后裔。

东门坳遗址现存城内，地理位置十分重要。

第八节　小西门

小西门，名起于宋代。

南宋绍兴五年（1135年），第十一任彭氏溪州刺史，在老司城兴城。彭福石冲修缮河东各条街巷，在河西桐油枯新建一条鱼肚街（渔度街），这时就有了八街九巷二口。同时，立有东、西、南、北门，还立有一处小西门。

清代文人（姓名不详）赋有一首竹枝词颂扬老司山城景色，诗曰：

小西门外碧波澄，点点渔火到天明。
春雨如油落不住，山光水色映山城。

第九节　鱼肚街

鱼肚街，名起于南宋。

鱼肚街，又名渔度街。是彭氏土司第十一任溪州刺史彭福石冲于南宋绍兴五年（1135年），撤会溪坪治所，废龙潭城治所，于老司城兴城之时，新建的一条商业街。街建成后，优先秦姓居住，其他姓氏也可居住，是主要上市鱼类、蔬菜、小商品等的市场。据说，土司初到溪州之时，秦姓就专为土司王府捕鱼，灵溪河下从哈尼宫，上至自生桥为秦姓捕鱼区。但到明代鼎盛时土司王府人多，城内达3000户人家。土司王府官员自己也下河捉鱼，并邀城内百姓一起捕鱼，提倡："下河捉鱼与百姓平分""上山赶仗见者有份。"据说这一风气传到北京城，皇帝身边的官员都经常来老司城游玩，到灵溪河捉鱼。

鱼肚街的市场越来越兴旺，又加上土司不时禁渔，鱼类种类繁多，凡下河者都是满载而归，受到百姓欢迎，鱼肚街也就越来越兴旺。

第十节　雅草坪

雅草坪，名起于明代。

传说，明代正德年间，唐伯虎（唐寅）会吟诗作画，但他没有官职，游遍我国著名的山川美景。相传，有一年夏天，唐伯虎从老司城东路的玉碗水到接官亭休息。土司派一文官（知州级）到接官亭迎接，然后徒步行至接官亭下面一清泉处饮水，唐伯虎站立起来吟诗道：

> 天外浮云总渺茫，山间流水玉辉光。
> 千寻匹练悬崖落，一道银河到海长。
> 和月掬来还有影，带花汲去岂无香。
> 随流好入华阳洞，莫向天台问阮郎。

唐伯虎饮后感到清凉可口，并称之为"甘泉"，他们一行走进东门即今摆手堂前一大片坪地时，唐伯虎见茵茵茸茸的绿草地时，叹道："雅草坪""雅草坪""雅草甘泉"。从此起，雅草坪地名流传至今。

注：老司城历代文人称："雅草坪"实为"雅草甘泉"之融合，其地包括紫金山、魏家偏坡、摆手堂、显应坊土地堂等大片土地，约一平方华里。

第十一节　世泽坊

世泽坊，名起于南宋。

老司城《郑氏族谱》载："原江西吉水县郑家湾，后迁四州垫江县。宋代随彭氏土司祖迁居老司城枹坊口世泽坊土地嗣下。"

随郑姓来的还有周、邓、李三姓，共四姓始祖来到会官坪汇合，四姓氏先祖因结伴千里而来，历经千难万险，到会官坪结拜为四兄弟。四姓氏按彭氏指定的地方居住各治其家。商定四姓像同一宗族一样，后人不能联姻（开亲），但各姓家里有事共同帮忙。当时，彭氏都督府派郑姓住枹坊口，世守枹坊口关卡；李姓住正街后面；周姓住东门外；邓姓住雅颂溪。四姓氏在老司城定居之后，各姓均人丁兴旺。郑姓给历代土司守关卡立下汗马功劳。周姓氏人才辈出，族中有世代为土司太医官，清代有周道凤先生，在永顺崇文书院任教几十年。邓姓也人才辈出，在土司王府中有任职的，至今家发人兴。李姓中世代出篾匠，手艺精巧，在老司城颇有名气。

世泽坊的范围即今公厕—老司城小学、渡口、码头—今楚南雄镇牌坊止。

第十二节　表劳牌坊

表劳牌坊，名起于明代。

表劳牌坊是表彰明代第二十二世土司彭世麒、彭世麟兄弟和睦相处，为明廷贡献巨大而立。彭世麒弘治五年（1492年）袭职。在彭世麒执政期间，与弟彭世麟两兄弟和睦相处，朝廷征调彭世麒时，常有彭世麟代兄出征，并获胜而归。又因彭世麒多次应征有功，加升散官品级，朝廷授龙虎将军上护军，赐诰命正一品服色。彭世麟代兄应征平叛获胜，朝廷授彭世麟进阶昭武将军，并赐夫妇诰命。

因此，朝廷社部会勘提起圣旨，特赐牌坊名曰"表劳"，檄辰州府劳支工价、差官赍送钦送监造，上刻玉音敕赐"表劳"二字，以彰圣典。

注：表劳牌坊在城门楼前的正街后边第一台石阶梯坎上。

第十三节　五铜街巷

五铜街巷，名起于明代。

原是五铜街源头至东门坳的一段窄街，称五铜街巷。其实五铜街和五铜街巷都在朱家堡，明代时是老司城繁华的街巷之一。

五铜街巷居住有朱姓，朱姓从土司至民国年间人丁兴旺，人才辈出。晚清、民国至中华人民共和国成立后，名人有：朱蚩生，一生教书（已故）；朱泽先，任过永顺民政局局长（已故）；朱泽云，任过中共桑植县委办公室主任，后调离至北京贺龙撰记组工作，写了很多文章，还为家乡写了《五溪之巨镇，百里之边城》的文章。朱泽云的儿子朱晓慧系北京大学外国语学院英语系教授，英语语言学博士生导师。

据传说，朱家的先人是江西婺源朱熹儿子的后裔，是书香门第。迁居到老司城朱家堡居住，因家庭贫困，虽有若云书院，无钱无权进不了书院。晚清时，朱家几兄弟合力培养朱蚩生，果然朱蚩生考进了永顺灵溪书院，成为文秀才（老司城百姓的称呼），成了老司城晚清至民国求学成才的贫困人家学子榜样。之后由于老司城衰败，朱姓人家陆续迁出，今只剩朱泽文、朱长友两户人家了，但五铜街之名在申遗过程中延续了下来。

第十四节 舟启栈滩

舟启栈滩，名起于明代。

明代鼎盛时期，城内3000户中，土司王府中的户数、人口数众多。例如竹枝词中所述："山叠绣屏屏尾拖，滩悬石鼓歌音和。土王宫里人如海，宛转缠绵摆手歌。"就是形容土司王府户多人多。居住在贵族生活区和吴来坪的彭氏家族一切生活物资，南从王村、高坪、铜瓦至老司城朗溪关、龙潭城至老司城都督府，要用小木船运到舟启栈前码头卸货。从卸货码头的一个平台，又将货物转运至河街后面的舟启客栈，作临时存放，然后转运到土司王府。但为啥旅馆叫栈呢？因为土司鼎盛时期，山城繁华，游人多，消费也就多了，省城朝廷官员来老土司城的也多了。土司王府生活用品碗盘等，在江西景德镇有专窑烧制，这些商品都要从沅水进酉水至王村集散码头起岸。然后运至朗溪关，用小木舟再运至都督府前卸货。故土司王府在卸货平台即河街后面，建造一栋客栈，以码头之名，取名舟启栈。那时，运货的小木舟20或30艘多停在南门码头至舟启栈门前灵溪水面。那时的灵溪河水80%从河街外边流经南门码头，土司运货的船只就停靠在客栈边的水潭里。

该栈上滩一百多米便是灵溪河溪"溪泊"。溪泊潭水流至舟启栈，是一处百余米激流陡滩，这个滩也就叫"舟启栈滩"，老司城绝大多数村民都知晓。

注：新华词典：2002年修订版第1236—1237页载：栈（棧）

① 储存货物或供旅客住宿的房屋。货~。

② 养牲畜的竹、木棚栏。马~

② [栈房] 堆积货的库房。旅店的旧称。

③ [栈桥] 码头、车站、货物等处装卸煤、砂石等散货的桥形建筑物。

第十五节　显应坊土地堂

显应坊土地堂，名起于唐代。

《中国古代史》载："唐代的地方政府分州、县两级。州官为刺史，县官叫县令，其下又设若干属吏。此外，在边缘冲要地区，又设立都督府，长官叫都督，兼管军民行政。唐代宗继位（733年），又根据山川形势，把全国分为十道，玄宗开元二十一年改为十五道，道设巡察使，后改为按察使，监察州、县官吏。唐太宗很重视地方吏治，特别重视刺史一级。他把州刺史的姓名写在屏风上，记下他们的功过，以备升降。"从唐代起，"在州县城郭内设坊，郭外设村"。"显应坊"即是老司城从唐代沿袭下来的九个坊之一。唐代，每个坊建有一座土地堂，"显应坊地堂"在东门外，今去祖师殿游道旁边。

第十六节　人杰坊土地堂

人杰坊土地堂，名起于唐代。

"人杰坊"在土司都督府前，即城门楼遗址左侧正街后边。老司城唐代共设有九个坊，每个坊设有一个土地堂。土地堂是砖木结构建筑，堂内有土地公公、土地婆婆神像。分两进，第一进是平台，二进即陈设神像之处。外平台下有一方空小洞，用来烧纸，以防火灾。

老司城有九个坊，就有九个"坊正"，"坊正"大约等于土司时代的舍把、寨长的官职，也相当于我们现在县城的社区负责人，但过去范围小一些，人口也少一些。坊正负责本坊境内人口出生、分摊徭役、服兵役等一些杂事。

每个坊正建有一个土地堂，土地菩萨保佑这个坊境内的百姓家发人兴、六畜兴旺，除灾祸，保平安。所以凡节日，杀猪、宰羊、杀鸡等都为了敬土地菩萨。过去，每个土地堂前有一副五个字的对联，如："土能生万物，地能发千祥。"

第十七节　地灵坊土地堂

地灵坊土地堂，名起于唐代。

地灵坊土地堂，在正街街后，即付姓居住屋基前，街后李姓屋基前。地灵坊土地堂，同其他八个坊一样，沿袭1949年前的建筑。砖木结构，村民世代敬香。

人杰坊的辖地即正街与中街（文物部门称右街）处至左街连接处，包括南门巷、南门头、河街至中街前、纸棚巷等，均属地灵坊坊正的管辖区。老司城（福石城）从唐代、宋代、元、明、清至民国年间，地灵坊人户、人口较多，其坊正管辖处于土司都督府正前面，这个坊正官员则由一个时代的长官分管或兼管。另有"堂坊""人杰坊"，这三个坊均设在官府衙署前面，是为历代王府直接效力服务的基层组织，坊正的工作好坏，直接关系到官府声誉，省城或朝廷巡察使也最易从此了解到百姓的反映。所以，历代土司官府最重视这几个坊的管理。

第十八节　堂坊堡

堂坊堡，名起于南宋。

堂坊堡在土司都督府右侧贵族生活区外边，正街西门之上的一个地势较高之处。堂坊堡实为南宋绍兴五年（1135年），溪州第十一任刺史彭福石冲在老司城兴城时设立的堂坊。此处建有"审案堂"，是供三品官员在此审案的地方。在都督府的照壁前有城门楼，又称鼓楼。明代《永顺司志》记载："老司城都督府有鼓楼二座。"但发掘只有一座，另一座已遭破坏。至宋、元、明、清土司时代，溪州内有冤屈者，来土司衙署告状，准许之后，告状者在鼓楼击鼓，然后去审案堂跪地诉状。这个堂坊堡的审案堂，一直沿用到改土归流前的雍正二年（1724年）。

堂坊堡，设有一个"堂坊"，范围是正街中街的西段，西门前至小西门，灵溪木桥东头后面，是过去人户、人口较密集之地。

第十九节　世泽坊土地堂

枋坊口世泽坊土地堂，名起于唐代。

郑姓人家宋代居住枋坊口巷，是宋代溪州刺史彭福石冲安排的。世泽坊和世泽坊土地堂是沿袭唐代郭内设的郡县制而设立的坊。每个"坊"设立一个土地堂，世泽坊土地堂同老司城内其他八个坊的土地堂相同，砖木结构，供奉有土地公公、土地婆婆。每年过年或重大节日，宰杀家禽、家畜等都得敬香，过年过节时还要以鱼、肉、供果满盘敬奉，过路行人也得敬香。

现在郑姓人家住枋坊口与喻家、向家、秦家同组，为何喻家堡（桐油桐）没有"坊"？因为唐代桐油枯未建街道，桐油枯是南宋绍兴五年（1135年）彭福石冲新建的一条鱼肚街，即商业街，因而没有"坊"。这就是老司城唐代设灵溪县、灵溪郡、福石郡的见证。

第二十节　枋坊口巷

枋坊口巷，名起于唐代。

枋坊口巷，是老司城八街九巷中最长的一条巷。过去从会官坪起，至送君坪石阶梯止，全巷约450米，宽2.64米，全用河卵石铺砌。枋坊口关卡设在今彭武忠屋档头，郑泽亮屋左边坎下。为何这"枋"字要写木旁？因唐代在此设有木做成的枋架，用于知会骑马、乘轿的官员到此处要下马、下轿，然后，步行至会官坪。郑姓人家自宋代居住枋坊口，这个"枋坊"又称"世泽坊"。该坊正由郑姓中能人当任，属老司城九坊之一。郑姓居住的范围。下从厕所起，上到老司城小学门前止，沿巷两侧居住。郑姓人家自宋起至雍正二年（1724年）止，为土司王府服务数百年。

附注：改土归流之后，郑姓中一房始祖迁永顺小西门永兴坊定居；另一支始祖移居附近的哈列湖，今哈列湖郑姓繁衍到200余户，千余人；还有一支迁至今龙山县境，今已失去联系。

今居住在枋坊口巷的郑姓始祖是郑守贵，妣涂氏，生子三；涂氏，生子三：郑能、郑乾、郑宠。

第二十一节　西道街

西道街，又称河西街，名起于宋代。

为何称西街道？西，即灵溪河西，道，即官道。官道街从老司城渡船口坎上，沿灵溪河上至见亲湾口止，全长约400米即是西道街。西道街后约5亩土地是南宋绍兴五年（1135年），彭福石冲在老司城兴城时安置给彭姓的屋场基地。可见，彭福石冲对西道街地理位置的重视。因为西道街（官道）西北是通往永顺猛洞坪至龙山，北去吊井、颗砂、万坪、塔卧通往桑植的交通要道。西道街又是官道进入老司城的最后一道关卡。下与会官坪相接，上即是见亲湾监狱出口，再上端是500存城兵察闹院住所。

西道街是老司城八街之一，也是九坊之一。但坊的名称未传承下来，笔者推测应是"河西坊"或"西道坊"，当时的坊正是由彭姓中的能人担任的。

据老司城向姓、郑姓、傅姓、朱姓、魏姓等前辈人传说，居住在西道街的彭姓改土归流时未跟随彭肇槐回江西插户，而是迁往首车（吴家寨）的窝圃定居，繁衍至今人丁兴旺。今窝圃属灵溪镇勺哈片区马鞍山村。

第五章

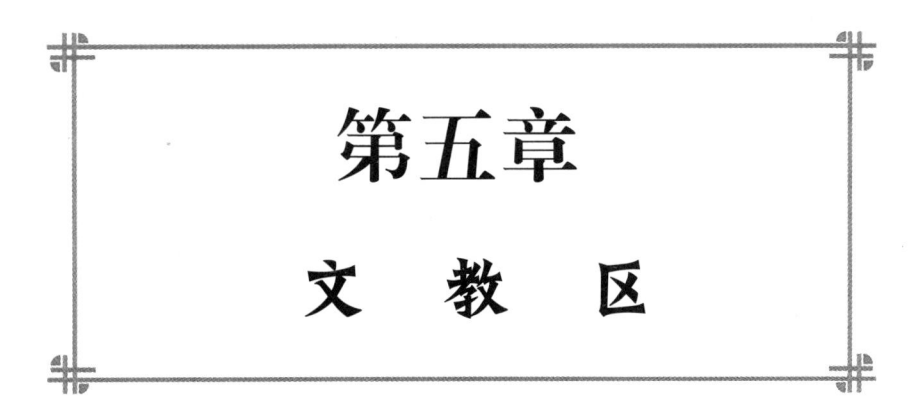

文 教 区

第一节　义学堂

义学堂，得名于明代。

义学堂即若云书院前身。老司城今 70 岁以上的老人皆知此事。老司城申遗之前，已经很少有人知道若云书院。现在有些文化的乡民已是人人皆知，这些都是申遗教育成果。

早于义学堂的前身，更是无人知晓。老辈人传说，溪州刺史彭福石冲，曾于南宋绍兴五年（1135 年）老司城兴建时，办起"灵溪学堂"，地址也在义学堂处。

"灵溪学堂"历经宋、元至明洪武六年（1373 年），238 年的事迹无人知晓更无史证，也是遗憾。明洪武六年当地办起义学的口传史资料，乃是笔者 2002 年退休后到全县各地，访谈抚志茶湖丁姓人才得以知晓。

丁姓在今永顺县境内的抚志大、小茶湖及惹毛、塔卧、对山寨、勺哈凤溪寨、岔立坝、颗砂洞等地都有分布，人口接近三千，其始祖是丁洪信。

丁洪信，明洪武年间进士。其人学识渊博，一表人才，曾被当朝皇帝看中。明洪武六年（1373 年），朝廷要为老司城土司更换印章（原为宣抚使司），敕升湖广等处宣慰使司，赐给永顺土司宣慰使司新印章一颗，三知州六长官印九颗。朝廷同时闻听老司城土司大兴土木重修宫殿，恐有超职越权事项，所以要派人训诫，顺便访察溪州民情。丁洪信就是朝廷特派的赐印察访官员，他仅带一名书童前来溪州。

当时正值彭氏第十三世土司彭天宝袭位。他对来自京城的要员丁洪信用心接待并暗地探察，确认其人杰出，遂决意将年方二八的女儿玛毕妈帕许配给这位钦差察访使。丁钦差先是不从，后经土司设计完婚。成婚后，土司又要将土知府总理等职授予，均被丁洪信婉拒，仅承诺朝廷申请辞去官职，留下为土司办学，致力教育教化土民子弟。丁洪信从此将灵溪学堂改称义学堂并出任教谕，随来的丁姓书童也得以成家安排职务。

丁洪信执教5年，与土司公主生育二子。这时遇到家事纠纷，才得土司恩准携带书童一家去到抚志深山幽林插户。事情原委是：

丁洪信原籍江苏（当时属江西管辖）淮安白马坡。他考取进士时，家里已有妻室并生有三子。丁洪信奉命来溪州办事，后来辞职落户日久，惦念父母妻儿。但土司地界原有"蛮不出、汉不入"的禁锢无法联系。第六年后，他曾偷越地界回到老家，但又难忘留在溪州的妻室，遂与父母和前妻商议，携带原配三子小儿回到溪州。土司女玛毕妈帕当然生气，认为驸马骗婚，大闹到土司府衙。但土司眼见木已成舟，且女婿人才不差，便特许丁洪信携带原配三子到距原先封地一华里外的山窝另行插户。从此，玛毕妈帕同儿子的住地为大插户，丁洪信与原配三子的住处反为小插户。后来随着时间的推移，插户演变成茶湖。这就是今大、小茶湖丁姓来历。

今永顺丁姓多知此来历，且记得先祖与彭氏玛毕妈帕公主成婚时所得土司王赠对联："百子流苏开甲帐，银台金粉助丁帘。"

笔者查阅《彭氏土司稽勋录》见有如下记载："彭添宝，

彭万潜子。元泰定元年（1324年）生，明洪武二年（1369年）继任。彭添宝从父命，遣从兄敬宝通事田大方诣阙贡方物。上御奉天门东板房礼官引见。三年命百户黄元泰赍赐诰敕。六年领宣慰使司印一颗，三知州六长官司印九颗，敕升湖广等处军民宣慰使司，统辖三州六司五十八旗三百捌拾峒苗蛮。建文四年（1402年）九月十五日卒，在任三十四年寿七十九。葬雅草坪，谥忠烈。"此记载与笔者考察吻合。

义学堂终止应在第二十六世土司彭永年时。老司城《十八景诗》中有："铜柱秋风希范迹，若云书院翼南题。"推测彭翼南生前题写若云书院，亦应在彭永年任上将义学堂迁至关帝庙旁司城小学址上重建之时。改土归流后，若云书院搬迁到永顺（猛峒坪），改名崇文书院。老司城则留下小学。民国年间当地名人又承头，将小学迁至今枹坊口官用水井坎上重建老司城小学。中华人民共和国成立以后的1953年，老司城彭氏宗祠内设永顺县第八区人民政府，又将学校迁到衙署区第二、三、四台重建老司城完全小学。改革开放后撤乡并村时正遇老司城申遗，学校又搬迁至现地址，名老司城小学。

以上就是旧时义学堂和现今老司城小学的传奇经历。

第二节 若云书院遗址

明代若云书院遗址，即原义学堂遗址。老司城《十八景诗》中有诗句："铜柱秋风希范迹，若云书院翼南题。"说的就是若云书院题名者是彭翼南。老司城文人传说，彭翼南孙彭元锦在任时，曾扩建书院，并改名"雅丽书院"。改土归流后撤雅丽书院，才在永顺灵溪镇猛洞坪（今永顺一中校址）建崇文书院。过程大致如下：

清乾隆二十六年（1761年），永顺知府张天如捐俸倡建。乾隆三十八年（1773年），新知府李拨捐资扩建。嘉庆十六年（1811年），知府福顺移书院至府城东门外（今永顺民师附小处）。同治二年（1863年），知府张修府重修。光绪四年（1878年），知府同竿增修崇文书院储材楼。光绪十二年（1886年），知府张曾扬再次扩建并改名"灵溪书院"。光绪二十八年（1902年），知府顾沆莲奉命改书院为"永顺官立中学堂，聘请贡生彭施锋任学堂监督"。"民国"年间又改为"永郡联立中学"。永顺抚志中学退休的丁世正老师，曾给笔者介绍他在官立中学堂读书时的学校及学生纪律情况。

第三节　文昌阁

文昌阁，名起于清初。

老司城现在的文昌阁是"民国"初年重建。三层楼的文昌阁至今矗立在关帝庙遗址前，三楼供奉孔子像，人们称孔子是"孔圣人"，今漫水桥宣传牌称漫水桥为"朝圣桥"。文昌阁三楼文昌菩萨世代受人们敬仰，香火旺盛。

"民国"初年，老司城知名人士极多：周儒珍，为老司城花灯戏传承人；向才选，一生爱习武，晚清时在永顺府考取"武举人"；向才友（向盛福曾祖），一生教书（私塾），用《三字经》《百家姓》《千字文》《四书五经》等课本教学，老司城人称他是文秀才，颇有名望但未参考；向嘉会，学生出生，永顺府参议员。还有魏姓、朱姓、付姓、郑姓等知名人士。由知名人士牵头，全城人出资，于"民国"初年重建文昌阁。今文昌阁主要木材是向盛福祖父向大荣、祖母鲁隆英无偿捐赠的六棵大柏木树，文昌阁大柱和枋都是以那六棵树为材料。

文昌阁三楼供奉文昌菩萨，一楼二楼作小学教室用，因改土归流，将若云书院拆迁至永顺建崇文书院，附属小学的木楼同时撤走。但老司城小学功能仍在，一直沿用至新中国成立。

老司城人民同全国一样，至今崇拜孔子，教育子孙求学成材。

据《中华文明史话》记载：老司城的文昌阁始建时间不详，老司城人一直称文昌阁，但观音阁人们又称观音庙。

第六章
祭 祀 区

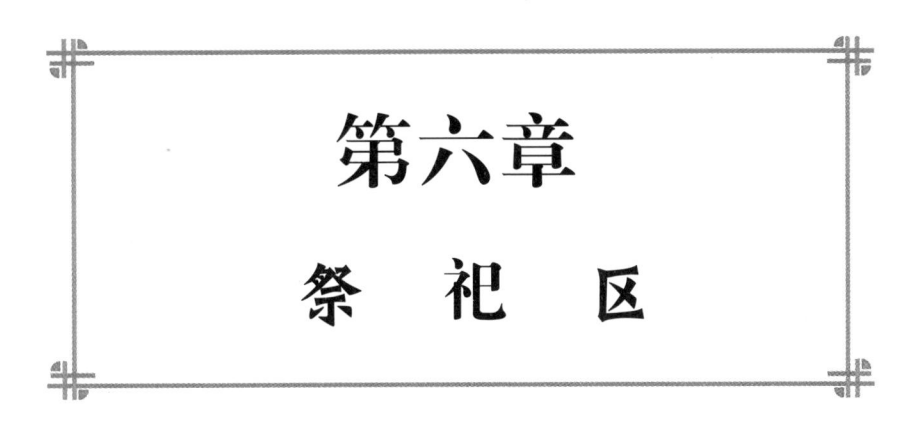

第一节　水府阁遗址

水府阁遗址，明代。

《永顺宣慰司志·卷之二》祠庙有载："水府阁在司治东南龙洞前，（系）太子太保左都督彭弘澍新建楼阁，上崇三官下崇许祖。"

彭弘澍是第二十九任彭氏土司，明崇祯五年（1632年）任职。他任职时兴修的水府阁在龙洞前约300米处，仍有遗址留存。

今老司城村民另外传说遗址概有两处：一是在龙洞前约300米处，同于上说；二是送塔茄山坳边由唐代吴著冲祖先所建水府庙。传说这座送塔茄坳水府庙距离灵溪河有三四里路且都是陡坡。每年五六月天气炎热，菩萨要下河洗澡极不方便。天上三官菩萨因而不愿留住送塔茄庙。又传说某夜晚三官菩萨下灵溪河洗浴后，半路走到龙洞前300米处小憩，不想一睡就到天亮。因神人天亮不能行走，三官神就歇在那里。恰巧给几位过路人见到并报给土司衙门，说看来菩萨不愿再住高处。彭弘澍于是决定，就在天官菩萨睡过的地方新建水府阁。从此三官菩萨共同保佑老司城官民。

第二节　社令坛、杨士庙、稷神坛

社令坊、杨土庙、稽神坛，宋代。

历史资料和民间传说均显示：老司城唐代以来的官员级别都是三品。除当地信仰外，其他如佛寺道观祭祀堂等，别处有的老司城也有。

史载老司城社令坛："在城东那乃浦。"这里的"那乃浦"是土家语地名，实指现在狮子山对面的"鲁纳铺"附近。杨士庙原在风雨桥头东，今有遗址。二庙过去常有土司和百姓前来祭祀。

稷神坛原在锡帽山（墨利威）下，即老司城灵溪河水碾之上。

这些庙坛作为老司城文化重要组成部分，应考虑做出标志。

第三节　吴著庙

吴著庙，又称吴著祠，亦称吴著都督土地庙，得名自五代初。

此庙原在半坡街旁寿德山（紫金山）下，遗址毁于修缮半坡街时。笔者少时曾亲见原庙，约为三柱四棋大屋一间，内供吴著冲塑像。传说，吴著冲是鲤鱼精所变，能腾云驾雾日行千里夜走八百，且浑身长满钢铁鳞甲，刀砍不进箭射不入火烧不伤。唯其胸前一撮茸毛怕受箭伤。这是吴著冲女儿告诉夫婿彭士愁的秘密。话说彭士愁奉马楚朝廷托命，花费三年多时间才在妻子（吴著冲女儿）帮助下干成大功并于后梁开平二年（908年），得朝议为溪州刺史并携同科洞毛人、努力嘎巴等臣友住进吴来坪溪州府衙。可当晚就有怪异：宫殿鬼哭狼嚎，半夜且有砖砣瓦片甚至粪便飞入大殿，弄得彭士愁夫妇和臣友不得安宁。彭士愁询问妻子："何以有此怪异？"妻答："你想世上哪有女婿杀死岳父的道理？"彭士愁点头承认，再问："怎样补偿？"妻答："家父在世时，乃是上湖南溪州八部大王，又是刺史高官，现在落空当然不服不爽。你要给他封个都督土地神，让他在阴间继续管理湖南溪州这片土地上的事务，或许能得安生。"彭士愁赞同并用心筹办。后梁开平四年（910年），彭士愁正式成为溪州刺史，便开始调集百余名工匠加紧修建，迅速落成"吴著都督土地庙"，并雕刻神像陈列堂上，但其姿态却是白天背朝半坡街面朝堂内，且三番五次纠正结果还是一样。彭士愁又从夫人处得知，这是因为吴著冲神像面目丑陋不愿吓人，于是请雕匠将神像改善，果然得到安宁。吴庙落成后，每当正月初一五更时分，彭士愁夫妇都要乘司城百姓还没起床时，拿上几斤生肉生血生大蒜和一些供果悄悄来到吴庙土地堂祭拜，祈祷溪州府内平安。彭士愁还教育下代承袭土司职位者，必须尊重妻子姻亲，并当成家规传承。彭士愁治理溪州30年得心应手，风调雨顺人心安泰，政治经济文化军事都有发展，乃于后晋天福二年（937年）建立祖师殿，两年后（939年）发动溪州之战。

吴著都督土地庙，是溪州人民包容性的象征。吴著冲在世时做过不少恶事，但土地堂神像落成，前来瞻仰的百姓仍络绎不绝。吴庙也一直保存到20世纪50年代才倒塌，庙址无存。但老司城百姓仍不忘记庙址大体位置并世代传承。

第四节　将军山

将军山，明代。

老司城城池自南宋绍兴五年（1135年）由彭福石冲兴建，后逐渐兴盛。到明鼎盛时已是繁华山城，名声传遍中原大地，有识之士纷纷前来施展抱负。熟悉风水者，更看中老司城彭氏都督府屋基地脉。它坐落在凤凰山取丹凤朝阳之势，坐东北向西南，属民山坤向。左右分列的泰平、将军二山，能保彭氏及老司城官民平安。过去的将军山有一块神似巨人的岩石。传说第二十四任土司彭宗舜于明嘉靖六年（1527年）任职后，修建起关帝庙并陈设刘备关公等雕像。关帝菩萨面前摆设巨大石磴且插青龙偃月大刀一柄。第二十七任土司彭元锦于明万历十五年（1587年）承袭后，又修缮关帝庙并铸铜钟一口，大鼓一面，悬挂庙内。

老司城人说，关帝庙的铜钟声音洪亮，打一锤可绕回一百二十八个音节。每月初一打一捶整鼓，咚咚声回响可到十五。老司城民间有"五修"颂词："二修关帝宫，整鼓铜钟，关帝老来称英雄，大刀摆当中。二说关帝宫，九火炼成金铜钟，武夫子，圣贤容，又有大刀名青龙，设小学教萌童，准备状元公。"

彭元锦还在关帝庙旁建江湖廊庙公署。"民国"年间又改"公署"为"局"。老司城人认为将军山能有诸多建设，都是将军岩显灵所致。但建祠庙时，将军巨石为砌坎而没入泥土，将军之形已见不到。关帝庙于1966年因漏雨倒塌，铜钟被毁。今天尚存者仅有文昌阁和关帝庙遗址。

第五节　城隍庙遗址

城隍庙遗址，建于唐代。

《永顺县志》载："天授二年（691年）置溪州，领县二。其一为大乡。"又载："梁始置大乡县"且"晋宋齐三代皆同"。唐魏征主持的《隋书·地理志》亦称大乡梁置。"府志谓大乡今永顺县地是也。"辰州府志载："永顺司梁为福石郡；""陈曰灵溪县。"《旧唐书·地理志》载："天宝元年改溪州为灵溪郡；""乾元年复旧"。唐中和三年（883年）蛮酋分据自置刺史。老司城城隍庙就是在唐代由吴著冲祖先建造的。史料记载：老司城城隍庙在"五显"。五显是指唐时五铜街出了五个神童。传说这五个神童读书了得，长大后都做了大事。"五显"二字就是说五个神童显灵。

老司城传说若云书院旁有府城隍庙，堡上且有县城隍庙。上下城隍庙占地约4亩，仍留有遗址。清雍正六年（1728年）改土归流时，两城隍庙迁至永顺县猛洞坪重建。

第六节　五谷庙

五谷庙清代得名，又名福民庙。民间传说，此庙清代建造但具体何年哪位土司执政则不详。

《永顺县志》载："原祖建祠以祀五谷神。每年正月十五日传调合属军民于渔度街上摆列队伍，以伺亲临点阅后躬诸本庙，谒令巫人卜筶，一以祈当年之丰熟，一以祈合属清安，至十月十一仍照前例报答本年丰稔宁谧以为常。"五谷/福民庙沿老司城小河（白砂溪）进一华里，坐落青岗对面，一直保存到中华人民共和国成立后的20世纪60年代，后因漏雨失修损坏。

老司城人历来关心重视五谷庙。笔者祖母鲁隆英在世时曾说，"民国"初年老司城有周、朱、魏、向、郑等家能人承头，全城集资，专为五谷庙新建四排三柱四棋木房三间供守庙人住，还附建厕所一间。守庙人20世纪50年代去世后再无人管理。

笔者记得刚解放的1950年的正月十五，本村雅颂溪还曾有秦、邓、陈、彭等姓几十人前来桐油枯（渔度街），诚邀村民同去五谷庙敬神。但本村民众未肯加入。雅颂溪村民在五谷敬神吃一餐饭，乞求五谷神保佑百姓当年丰收。渔度街（桐油枯）村民则于十月结队前去五谷庙敬拜，还要带上当年新收的粮食如黄豆、苞谷及瓜类等鲜嫩物品。这样的习俗，一直延续至"民国"末年。

五谷庙如今已是废墟散落残砖瓦片，但村民仍记得古庙地名。

第七节　八部大王庙遗址

八部大王庙遗址，名起于唐代。

八部大王庙遗址应为商周时代，但庙的建立应是唐代。历史可追溯至秦汉时代。八部大王主要分布在酉水北流域及溪州境内的八个峒或八个部落。中华人民共和国成立以后，文物考古部门在酉水流域的保靖水坝村发现并出土过八部大王庙残碑，其铭文："首八峒，历汉、晋、六朝、唐、五代、宋、元、明，为楚南上游……故讳八部者，盖以咸镇八峒，一峒为一部落……"历史上的八部大王是哪八个呢？据《摆手歌》所载："为敖朝河舍"，指西梯佬、里都、苏都、那乌米、龙此也所也冲、西可佬、接也飞也、那飞列也。他们在酉水流域及溪州各分管一个部落（峒）。

八部大王是湘西土家人的祖先神，跳摆手舞茅古斯舞就是崇敬八部大王的。在湘西古丈、保靖、永顺、龙山等地过去都建有八部大王庙，世代受人们敬仰。五代初，江西彭氏入驻湘西及溪州之后，八部大王依然受彭氏和湘西人民敬仰。例如老司城土司都督府遗址对岸的喻家堡八部大王庙遗址，申遗前后发现从灵溪河边有石阶梯上庙敬香路，遗址中心拾得明成化乙酉年（1465）之时土司王府在江西景德镇烧制的敬神酒杯（残缺）一个，说明土司时代八部大王仍受到彭氏土司和土家先民的崇敬，世代香火不断。

第七章
道教、佛教区

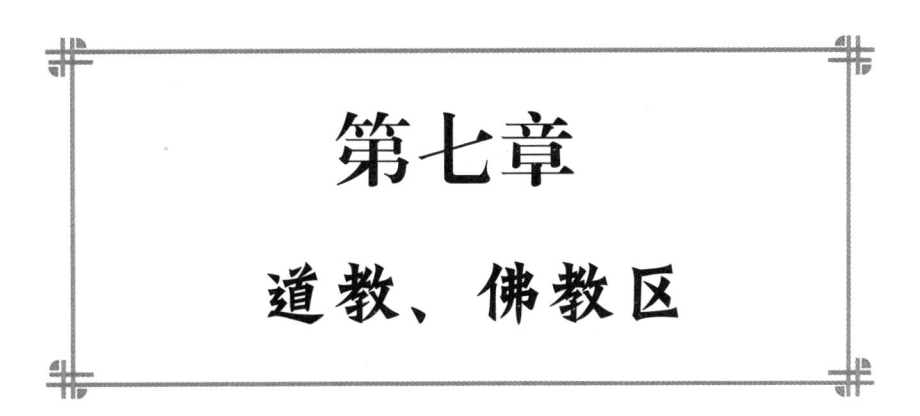

第一节 雷公扫殿

雷公扫殿，唐代。

《永顺宣慰司志·卷之二》祠庙载："玉极殿，在司治东南二里，有山名真祖山建殿，崇奉玉帝。"老司城历代乡民因而称真祖山为罗汉山。《永顺县志》又载："观音阁在司治南，其名石佛山，建阁崇奉观音菩萨。"老司城乡民称此石佛山为"美女山"。

当年的雷公扫殿就建在今观音阁遗址上约300米处，是吴著冲祖先于唐贞观年间建造。庙观落成不久，就遇暴风雷雨且进来几道闪电吓坏执守僧尼。吴氏祖先遂将庙堂下移300米，而将原殿址称为雷公扫殿。后梁开平四年（910年）彭士愁任溪州刺史后，又在后晋天福年间兴建祖师殿和观音阁（又称庙）。

《永顺宣慰司志·卷之二》为何把观音阁山称为石佛山？因为这座山形活像观音打坐且右侧是罗汉山。老司城村民据此传说这是罗汉爱观音（美女）。但见灵溪东岸的罗汉山坐东朝西，背靠泰平山脚踏灵溪河，裸身朝美女面容笑呵呵。灵溪河西岸的观音山，坐西南朝东北，右侧一面铜镜，两眼平视凤凰山，伴梳秀发半遮面。这对罗汉观音一水相隔，犹由人间恋人面带笑意朝思暮想，如梦如痴如醉，如画如诗地老天荒。历代文人墨客游此二庙，观其二山美景时，无不心旷神怡流连忘返，感觉"到此人皆佛，同来我亦仙"。

第二节　藏经阁

藏经阁，又称皇经台，名起于明代。

明嘉靖年间，彭氏第二十五世彭翼南抗倭有功，往北京运送楠木有功，办学和执政有功，受到朝廷奖励。彭翼南用获奖的钱修缮十大寺庙，藏经阁是彭翼南执政时修建的。《永顺县志》记载，明天启元年（1621年），在藏经阁陈放有《玉皇真经》一部三百卷，黄杨木令牌一枚，张天师（后裔）朱印一枚，象牙朝剑一柄，还有一米高、一米宽的大红彩轿一台（供打醮时抬皇经用）。藏经阁三楼常年深锁，打醮求雨拜皇经时才开启。

老司城神秘，藏经阁神秘，皇经更神秘。传说，全国只有三部半皇经，即四川峨眉山一部，江西龙虎山一部，老司城玄武山一部，北京城半部。经书用光滑超厚的纸用毛笔撰写，字较大，但像印一样整洁。共有六本，又分坐本和行本，每本用红绸包着。行本可借给湘、鄂、川、黔用，坐本只限老司城用。自经书陈放以后，明、清至民国末年老司城打皇醮三年一次。打皇醮时男丁两三千人聚集老司城，七天或九天时间，老司城寺庙、城内客栈满员，城内八街九巷热闹非凡。

1953年，老司城八区人民政府（设在彭氏宗祠内）有一位姓宋的武装部长，亲自爬上藏经阁，将门锁撬开，将皇经取至区政府，众人看奇，皇经从此消失了。那时，老司城人民得知信息，像失掉珠宝一样，叹气不已。老司城人民对土司时代建筑有传承颂词："四修皇经台，实在修得乖，天干年成把经拜，大家齐斋戒。"

第三节　祖师殿

祖师殿，名起于五代。

"民国"《永顺县·地理志》卷六引《唐志·杂记》载："祖师殿，在旧司城。晋天福二年建，正殿柱四，大数围。上架木枋处，无斧凿痕，真神功也。相传为公输子显关所建。"

此即民间说的鲁班所建。这里有一故事：晋天福二年（937年），老司城世居的魏、周、朱、向、付、郑等姓氏世代传承人为证，祖师殿是彭士愁主持所建，是神仙下凡建造，对岸观音阁是凡人建造。传说彭士愁抽一名总管（总理）专管二庙建造。为建造二庙专从苏州杭州请来工匠几名，调集溪州境内技能最好的木工百余名，在城内外调集几百名杂工，共计数百名建造工人。

溪州府总管规定：两庙要同一时间上山砍伐木料，同一时间木材进料场，同一时间排扇，同一时间架扇磴，同一时间立屋上梁。传说，观音阁的木材都进料场，木工有的运料、清枋，有的在架扇磴。而祖师殿的木材东倒西歪，树皮都未剥，堆满料场。溪州府总理从河西远眺对面，见祖师殿料场冷冷清清，便从大滩口过灵溪河进料场督促察看。只见一位衣衫褴褛的老木工坐在太阳下翻衣裳看虱子，老木工的两个年轻徒儿在场外玩耍。这位总管走近老木工面前说："你们赶快呀，观音阁都快要排扇了，两庙同一时间立呀！"这个老木工好像未听见似的，点点头就算他知道了。总管回到观音阁料场，继续鼓励远来的木工和当地木工齐心协力按规定时间排扇立屋。这天时间到了，总管安排有序，几百名工人干得热火朝天，众人认为明日辰时搁梁没问题。到了下午放工时屋立好了，只欠上梁木。总管说："大家今晚回去，半夜煮饭，卯时前赶到场地。"几百名工匠个个记在心里，总管安排两名当地工人看守料场，其余的全部回家。

次天清晨，来观音阁立屋的几百人，朝对岸祖师殿看去，只见飞檐翘角，绮柱雕梁，屋顶龙头张开，殿角砖瓦麒麟鳞次，矗立在河东的玄武山半山腰。总管问及两个守料场的工人："昨晚你们知道没有？"两位工人道："昨晚半夜只听见砍料的，清枋的，架扇的，立屋的吆喝声，犹如千军万马，至五更鸡叫后，什么声音都没有了。"这时，才知道祖师殿是神仙鲁班下凡建造。总管叫大家努力干，上梁时一边安排两个木工抬梁上木梯。安放时，一工人说："梁木长了一尺。"总管说："放下来锯一尺。"再抬上中柱顶安放，站在梁梯边的工人说："又短五寸。"梁木短了怎么办？有的说，上山去砍木料，有的说，上山砍时间来不及。总管想起了老木工和两个徒弟昨天的情景，颇有预感，急邀八个年轻人去祖师殿料场看有多的木枋没有。总管和几位年轻人走进祖师殿料场，恰巧有一块梁木未用，便抬到观音阁殿阁中柱安上去，两边中柱枋安放的工人叫道："好呀，正适合呀！"从此，众人认为，不要小视当地衣服破烂的木工，观音阁庙殿的搁梁三番五次长、短，是神仙做的手脚。观音阁是凡人修建，祖师殿是鲁班造的。至今老司城非遗传承人尚记得有歌谣："四唱披发祖师庙，鲁班所造，楠木柱，马桑树料，横梁千柱千撂倒，咿儿哟咿儿，哟，仙机真奇妙，哟，嗬也，嗬也。"

第四节　玉皇殿

玉皇殿，名起于北宋。

玉皇殿原在灵溪河西，即大滩口坎上，是吴著冲祖先于唐贞观年间所建。今玉皇殿是彭士愁长子彭师裕于北宋年间从河西迁至藏经阁坎上重建。

《中国通史》载："天公"是指玉皇上帝，又称"玉帝"或"昊上上帝"或"玄穹高上玉皇大天帝""昊天金阙无上至尊自然妙有弥罗至尊玉皇大帝"。玉皇大帝是道教中最高级的神明之一，地位仅在三清尊神之下。但在世俗的心目中，玉皇大帝是中国最大的神祇，是众神之王。

今玉皇殿前面与藏经阁之间，过去另有一殿。上玉皇殿阶梯两边以泥掺、石灰塑有蹲着的青狮、白象；左墙壁是唐伯虎绘画的"水漫金山"漫画；右侧墙壁绘有两盆牡丹花。玉皇殿屋顶中部绘画中有日（太阳）。四周绘有：风伯、雨师、雷公、司命四天神。藏经阁与玉皇殿相连接，屋檐水流入外墙沟里。

祖师殿明清时为六部建筑，游道上面第一部为"山门"。二部为"三神殿"。三部是四排三间的"楠木楼"，楼的地板与祖殿平齐，是为打醮时供信徒、信士跪拜之用。第四部即是祖师殿大殿。祖师殿神龛前两边各置三位站将，即王、马、岳、赵、邓、朱六位站将，各手持兵器。五部，即皇经台（藏经阁）。六部，即玉皇殿。

第五节　玉皇殿墙壁《水漫金山寺》漫画

玉皇殿墙壁《水漫金山寺》漫画，成于明鼎盛时代。

民间传说，玉皇殿《水漫金山寺》漫画是明代风流才子、诗人、大画家唐伯虎绘画。唐伯虎邀伴于明代正德年间从水路至酉水王村集散码头登岸。然后，从王村徒步游至石堤西、洗坝湖、九官坪等地游玩。此时，正值土司王府彭世麒子彭明辅任职，其几个兄弟在石堤西（永顺州）任职（知州级）。然后从石堤西—洗坝湖—老司城土司接官亭到土司王府，受到彭明辅热情接待。

据（清）张廷玉，《明史》卷286，列传第174《唐寅》：

唐寅，字伯虎，一字子畏。性颖利，与里狂生张灵纵酒，不事诸生业。祝允明规之，乃闭户浃岁。举弘治十一年乡试第一，座主梁储奇其文，还朝示学士程敏政，敏政亦奇之。未几，敏政总裁会试，江阴富人徐经贿其家僮，得试题。事露，言者劾敏政，语连寅，下诏狱，谪为吏。寅耻不就，归家益放浪。宁王宸濠厚币聘之，寅察其有异志，佯狂使酒，露其丑秽。宸濠不能堪，放还。筑室桃花坞，与客日般饮其中，年五十四而卒。

寅诗文，初尚才情，晚年颓然自放，谓后人知我不在此，论者伤之。吴中自枝山辈以放诞不羁为世所指目，而文才轻艳，倾动流辈，传说者增益而附丽之，往往出名教外。

唐寅（1470年3月6日—1524年1月7日）生于成化六年二月初四，卒于嘉靖二年十二月二日，字伯虎，后改字子畏，号六如居士、桃花庵主、鲁国唐生、逃禅仙吏等，明代画家、书法家、诗人。

30岁时进京会试，涉会试泄题案而被革黜，又遭家难，一生坎坷。后游历名山大川，以卖文鬻画闻名天下。

时与徐祯卿、祝允明、文徵明切磋文艺，号"吴中四才子"。唐寅"任逸不羁，颇嗜声色"，自署印"江南第一风流才子"。他博才多能，吟诗作曲，能书善画，是我国绘画史上杰出的大画家，擅人物、山水、花鸟，寅书法为画名所掩，主要受赵孟𫖯、李北海影响，笔画俊逸挺秀，婉转流畅，笔力稍弱，钩桃绵软，看不出一丝狂态。

民间传说，唐伯虎游玩老司城，是在刘健、王阳明、徐阶三位明代大学士和朝廷首辅一级的官员殷护，徐阶门生有的携家眷来老司城游山观景下河捉鱼，彭氏土司名声和老司城山水美名传遍中华大地而受影响。为何在玉皇殿墙壁绘画"水漫金山寺"呢？据说，唐伯虎点秋香，秋香是唐伯虎第九个爱慕的女人。唐伯虎的婚姻观是男女双方恋爱即可成婚，不能受外界胁迫，痛恨法海阻止白娘子与许仙的婚姻，故挥笔在玉皇殿墙壁绘一幅"水漫金山寺"漫画，来痛斥法海。

唐伯虎游览老司城数天有感：山峰神奇秀丽，水净鱼肥，森林独秀，更有金丝楠木，便借漫画题写"天下名山无过此，世间好画也相宜"的对联。其意老司城山水堪比桂林。这副对联是对老司城山水美如画的概括和总结。老司城美景又收获"雅草甘泉"名著。唐伯虎这一游一诗一画一对联为老司城人民世代颂扬。

第六节　祖师殿祖师菩萨七星剑被盗

"民国"《永顺县志·杂事》卷三十六《唐志·杂识》载："旧司城祖殿神像，系铜铸成，手执七星剑，重九触，光芒四射目。有盗剑去者，行数里，风雷交作。盗惧，负剑还庙谢神，风雷始息。"

民间传说，祖师殿陈设的神师菩萨是后梁开平元年（907年）彭士愁奉朝廷旨意马殷王之托将吴著冲剿灭于龙山洛塔界，其功劳之大，受到朝廷高封重赏。其中祖师菩萨和观音阁的观音菩萨就是朝廷所赐。据说菩萨是从辽东入海运至酉水王村码头取岸，再转运至祖师殿陈设。原祖师殿菩萨约高1.8米，坐式，脚踏乌龟，手执七星宝剑，七星剑上缠有一青竹蛇，蛇剑是金子镶成，活灵活现，光芒四射，神奇威严。

老司城人传说，清代一位卸任的县官路过祖师殿，上、下几殿观看后，乘僧人（道士）们未防备，将七星剑盗走，顺灵溪朗溪方向速走。行至3里多，突然在火红的烈日下，暴风雷雨交加，县官惧怕，速带剑返回庙内，将七星宝剑放入祖师菩萨手中，并敬香叩拜谢罪，雷风暴雨即停。

这个神秘的故事由老司城人世代传承。

第七节　祖师菩萨脚踏乌龟被盗

祖师殿，祖师菩萨脚踩的乌龟被盗，清代。

传说，祖师殿的祖师菩萨脚踏的乌龟有两百斤重，乌龟铸造得活灵活现，逗人可爱。在清代，永顺连洞的一个年青后生来到祖师殿参观，上、下各殿看毕，便对祖师菩萨脚踏的乌龟起了慕求之心。据说，该后生当天半夜翻墙进祖师殿盗走乌龟，这个年轻人力气大，乘月光将乌龟高兴背进家门。次日清晨，该年轻人全家老小头痛，痛得喊天叫地。这个青年后生，将乌龟放回原处，再回到家中，全家老幼头痛病痊愈。

第八章

墓 葬 区

第一节　紫金山土司古墓群

紫金山（明代称雅草坪或寿德山）土司古墓群，名起于明代。

紫金山土司古墓群，位于老司城东门若云书院对面，占地十多亩。据文物部门书籍和彭氏族谱记载，紫金山明代土司及其亲属墓冢共104座。其中土司有：彭万潜、彭添宝、彭源、彭仲、彭世雄、彭瑄、彭世麒、彭明辅、彭宗舜、彭翼南（先葬洗坝湖，后迁紫金山）、彭永年、彭元锦等。

老司城民间流传有："土司王生在金銮殿，殁后埋在紫金山。"又传说，葬埋土司王时，有四十八副棺木同时出柩，其意是掩人耳目，防外人盗墓。又有传说，明末清初，居住在东门外的居民张某，某年四月下旬，一次在紫金山古墓群附近苞谷地里锄草，正锄草时，出现二十几只金黄色鸡儿和一只大母鸡在苞谷地里觅食，母鸡还咯咯地叫着。张某放下锄头，去追赶捕捉这群鸡儿，张某在苞谷地往返追赶，总是追不上，一只鸡儿也没捉住，最后这群鸡儿和母鸡在苞谷地里消失了。张某回家将见到一群鸡儿之事告知同寨乡亲们，乡亲们说："老司城金银多，金银都开花了，母鸡鸡儿是金子，金子变活宝，有福之人才能享受……"

改土归流之后，紫金山土司古墓群遭到破坏，清雍正十三年（1735年），辰沅巡道王柔对保护土司坟墓发出檄书，文中说："况常人坟墓有被损伤，亦应钦依律条，分别绞斩治罪，该地方官失察匿报，均于严参，岂可以废土司墓，置之不顾。"又指示："如有不法棍徒，侵剥树木，恃强盗葬及挖偷盗等情况，该地方保甲即时飞报，该地方官勘明通佯，严拿究拟。倘保甲有敢匿报，一经发觉，即以通同盗贼律，从重治罪。该县如或失察，亦即通揭请参，日后永远不得报伤。"

清乾隆二十六年（1716年），永顺知府张天如又对保护土司坟墓发出檄文。但清末和民国年间政府没有过问此事，故紫金山土司古墓损坏严重。

紫金山土司古墓群中修造得好的有：彭氏第二十二世彭世麒和第二十四世彭宗舜墓。二墓均为一墓三室，中间是墓主土司王，两侧偏室为一夫人、二夫人，三室各有门，门前有一条巷道，巷道外中间一道门可随时开启，门上雕刻有两个丫鬟手捧饭盒给土司王和妻子送饭的图案。三室内全是雕刻的各类花草图案。不同的是，彭世麒墓全是石雕，彭宗舜墓全是浮雕花砖。三墓室和巷道全是采用半圆形拱砌，这两座墓犹如地下宫殿。

墓前有石碑，平台前有石人、石马，墓前左右有两条河卵石砌成的神道直通紫金街，从紫金街后边进神道口各摆放一对石狮。两条神道中心紫金街后边有约两丈宽、一丈多高的照壁，照壁前平面绘画有八仙过海图案。石狮损坏时间不详，照壁是20世纪50年代老司城彭氏宗祠内设永顺县第八区人民政府时，修建厨房用砖撤废。

紫金山土司古墓群是老司城文化的重要组成部分，我们要保护好。

注：紫金山、寿德山、雅草坪其实是同一个地方，改土归流或晚清时统称紫金山。

第二节　八桶湖

八桶湖，名起于元代。

据《永顺宣慰司稽勋传》载：彭恩万，为彭安国长子，元铁木真（1213）年生，1254年任职，元世祖中统二十五年卒，在任32年，寿73岁，葬八桶湖。

彭胜祖，为彭安国次子，恩万弟，元贞二年（1296年）任职，元至正九年（1349年）卒，在任54年，寿81岁，葬八桶湖。

彭师宝，为彭仕羲次子，治平二年（1065年）生，袭兄职，元祐六年（1091）即任，绍兴二年（1132）卒，在任42年，寿68，葬补亚村，谥忠纯。

彭福石冲，为彭师宝子，宋政和四年（1114）生，绍兴五年（1135）继任，绍熙四年（1193年）卒，在任59年，寿80，葬补亚村，谥忠朴。

加上上述四个时代的亲属殁后葬八桶湖，八桶湖共有八座墓。土家语称"湖"为人死了，如"射湖"了，也是人死了。因此"八桶湖"之地名应为元代形成。

注：补亚村，即搏射坪，葬地也是八桶湖。

第三节　莲花山

莲花山，名起于明代。

唐末，五代初，辰州（沅陵）二酉（乌宿）莲花池村是向老官人向宗彦驻地。老司城向姓祖先是宋代从莲花池的中莲花迁至小龙村（腊惹峒）定居，明代老司城向姓有富公又从小龙村迁老司城，至今繁衍二十多代。祖先中有在腊惹峒任峒民总管、旗长，土司王府中也有任舍把、中军官等文武官员，数百年从未断过。又据摆手堂三尊神像中左有向老官人，即是老司城向姓的五代始祖，为溪州三大土司王之一，辰州莲花池是始祖向宗彦故居。他在世时以口才好，执政清廉而威震溪州，人们比仿他"莲花出污淤而不染"，深受溪州人们敬仰。他为彭士愁、师裕、师杲等执政溪州，立下汗马功劳。后晋天福四年（939年），溪州因不满楚国赋租和溪楚边事，彭士愁率锦、奖、溪万余人在白马渡叫战，引发历史上著名的"溪州之战"。尽管彭氏战败，在向老官人的调和下，以五姓归盟。于后晋天福五年结盟立铜柱。盟文中有："尔能恭顺，我无科徭，本州赋租，自为供赡，本都兵士，亦不抽差，永无金革之虞，克保耕桑之业。"

结盟，对溪州人民带来了好处，溪州官员原职不变。向宗彦战后，受晋皇之命坐镇莲花池，俾守旧疆。至后晋八年癸卯年（943年）爆发晋辽之战（即契丹改称辽），向宗彦奉旨平辽获胜，被奸臣所害，尸骨未归，衣冠葬冢于莲花池附近黑幕岗。彭士愁得知消息,在万分悲痛中嘱托自己儿孙们,凡世袭王位者,对向老官人向宗彦后代为其辅佐有功的予以优待。所以,老司城有三座莲花山为土司划拨,是向姓墓地。

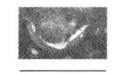

第四节　象鼻山和老鼠嘴

象鼻山和老鼠嘴，名起于明代。

象鼻山和老鼠嘴均在送君坪。今值班岗亭后面和前山沟坎上就是老鼠嘴。象鼻山则是土司时彭氏墓葬地之一。该山原来很像象鼻，后因修公路将象鼻挖去一截，现在就不太像了。挖象鼻的时候有人拾得金子上交，说明是土司墓地的传说属实。

象鼻山是象形山。老鼠嘴同样是象形山。老鼠嘴山是莲花山旁边的一座小山，也是同一山脉。老鼠嘴正对象鼻山，仅隔一条八部湾山沟。

民间传说老鼠虽小胆量大，大象虽大胆量小，因此害怕老鼠。老鼠的特长是打洞。若遇大象不备时，老鼠钻进大象鼻孔，大象就会难受死。

第九章

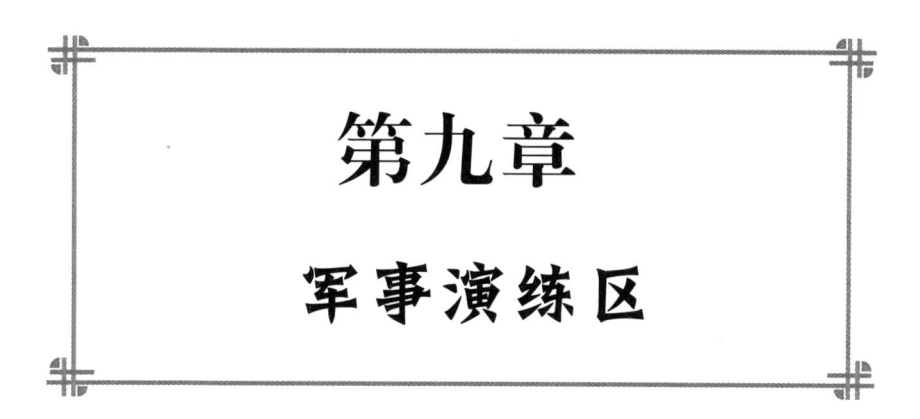

军事演练区

第一节　搏射坪花桥

搏射坪花桥，名起于晚清。

古溪州境内，举凡人户密集的大村寨，往往建有花桥。老司城老居民人言，搏射坪花桥于晚清建造。

花桥事关水口。民间讲究风水的人，重视"入山看水口，登穴观明堂"，可见其重要性。武陵山区的水口，多在四面环山的丘陵地缺口方向。风水师把这种四面环抱防风聚气的小盆地喻为城池，水来水去之处就是城门。

搏射坪就是一块四面环山，中间拥抱球样山堡的小平坝。溪水从高峰龙洒湖经骡子塆流至花桥水口处。里面搏射坪就是土司时代选兵练兵的一座城池。花桥也就是把守水口的要塞。

当地老人说，花桥是晚清建造，由当时张、沈两姓中的能人名人承头，全寨人集资，周边人家捐助落成。桥梁用两棵大柏木树横跨两边桥磴。它东接古道（今二级旅游公路），西接自然石山堡。堡后原有一座小庙，20世纪60年代损坏。桥面建有两柱四排三棋（中间棋的桐带中柱接通顶部横梁）的木构屋架覆盖青瓦，顶檐以白石灰坨口。桥面用柏木板平铺，两边装有栏杆扶手和坐板。百姓行路过往到此，可上桥休息，且是暑天乘凉最佳去处。花桥自建成后深受百姓颂扬，可惜的是20世纪60年代因失修而损坏。

这座搏射坪花桥距老司城5公里。老辈人说搏射坪是船形地，从古花桥至现代红军纪念园的3华里，是地势较平坦的田园。从红军纪念园至骡子塆沿头边，又是一段 3 华里平地。搏射坪一块从花桥处狭窄，猫虫坪、张家偏坡、彭家塆等中间展宽到 300 米许，到红军纪念园处又收窄到约 20 米，很像一只船。再从红军园至骡子塆，又有展宽约 300 米，构成又一只船。搏射坪沟两边山峰如簇层峦叠嶂，乃是老司城万马归朝群山走势最集中的地方。这里东有轿顶山、磨子岩、西兰锦、船形砥、马甲夫、水井堡；西有沈家屋后小船山、大堡枯、乌鬼弯山、剑兰坡山、哈列着吉[①]山、油坊堡、堡子山等，均在双船坪东西两边整齐排列，总体高出平坝三四百米。两艘"平坝大船"下还有 3 个自然村寨住有张、彭、沈、郑、王等百多户毕兹卡人。当地老人讲，土司时代官亭堡建有观阵台、付银台、牛首案台。坪下有搏击场、跑马射箭场、斗牛场等。历代土司王和大将在此临场挑选壮士。《永顺县志》载："初檄所属照丁练选，宣慰签天祭以白牛。牛首赏银置几上，下令曰：有敢死冲锋者，收此银吃此牛首。不许割首，违者退缩皆斩。故凡战必捷人莫敢撄。"又载："永顺司治二里许，有校场坪，土人常于此演武。又西北五里，有搏射坪，又北里曰射圃，地势均宽敞，土人每次于此搏射。"

　　选兵练兵时节，土司王从五十八旗，三百八十峒调集土家、苗、汉各族年轻后生千百计，来此参加挑选演练检选，围观的人络绎不绝。数百匹骡马也跟随主人参加比武演练。附近高峰、雨连联、泽澍、马蹄湖、龙洒湖、马屎坝等寨的男女老少皆来围观助兴，搏射坪就是老司城城外八百家最热闹的地方。骡子塆的向、沈、陈、王和官亭堡附近的张、沈、彭、郑等客栈生意兴隆。

选练结束后，随行骡马就放进水草丰美的骡子湾。这里山峰秀丽，山下水草丰富，是天然放马场地。当年土司军力强大，溪州土苗兵训练有素拼杀凶狠，不怕吃苦牺牲，且长于攻防布战"旗头"阵法。这些精兵良将都是从搏射坪这一练兵摇篮挑选出来的。土司鼎盛时代，彭翼南袭职后奉旨东征，历经平望驿、王江泾、秋田亭、陆径坝、胥口多场大战，赢得"东南战功第一"的称号，成为民族英雄。这些都因搏射坪花桥拦住水口，使地方清静且保百姓安居乐业有关。

传说搏射坪早先缺水。当地曾有"养女莫送搏射坪，吃水吃的雨水坑；如遇特大干旱年，洗衣要下老司城的说法"。幸而花桥修成风水改善，从别些田家湾引来清凉可口的山泉长流水得以下船，才形成演兵选兵的热闹场面。如今老司城遗址申遗成功，搏射坪是老司城遗址不可或缺的组成部分，功不可没。"养女想送搏射坪"也成为现实，船形地又到启航新征程的时刻。

注：哈列着吉，土家语。

第二节　骡子塆

骡子塆，宋代得名。

话说彭福石冲于南宋绍兴五年（1135年）兴建老司城，需要新建街道和其他设施，需要大量骡马运输。元至元十三年（1275年）彭思万进入王朝土司序列。城内官民生活日常用品，亦需骡马运输。明鼎盛时代，城内三千户城外八百家时，搏射坪成为土司选调训练兵员处，骡马来往更多。兵员演武选练时节，每天不会少于三百匹骡马。训练完毕，都要放到今红军园上的骡子塆觅食。若时日延长，还应有两条应对办法：一是由骡子塆王、陈、沈、向等住户出工照料饲养；二是将部分骡马送至附近高峰马屎坝、马蹄湖、雨莲、泽澍等地的土司马场。骡子塆、马蹄湖、高峰马屎坝这些地名，均与土司骡马有关。

第三节 兵器库、射圃（兵工房）

射圃，土家语意为"打铁"。明代彭氏土司兵器厂库兼练兵场。

《永顺县志》卷二载："永顺司治二里许，有校场坪（跑马坪），土人常于此演武。又西五里有搏射坪，又北五里曰射圃，地势较为宽敞，土人每于此搏射。"射圃山峦耸翠，峭壁重叠，古树参天，前有灵溪河长潭，后有山堡映掩，方圆约600平方米的偏坡沃土上，散落着向姓十多户人家。如今仍有古城墙、城堡、建筑围墙、荷花池和一条卵石铺砌的古街道、几条横街、院坝平台以及残断地基历历在目。老司城的神秘隐语："大坳对小坳，金银十窖""彭文耀挖银子当过负"的传奇也发生在射圃附近。

射圃历史悠久。汉代就有土家先民毕兹卡打制农具的铁匠铺。文物部门考证，射圃始建于五代以前。土司时代成为兵器厂。彭氏土司曾从汉地引进数十名师傅，又募招当地青年学成铁匠，打造兵器并建武库收藏。

土司时代射圃的大门城墙曾有土兵守门。对岸灵溪水上200米悬崖台上建有常年哨棚。围墙内直街两侧建有炉台数十座，配置风箱铁磴。当地老人讲：射圃能造羊角叉、大刀、长矛、火铳、钩镰枪、短刀、弩箭等兵器。还能造500—1000斤重的河船铁锚。射圃还是演兵场，门前宽阔沙洲可做骑射搏斗，并演练"旗头阵法"。门前长潭常备三五十艘木船，练习近船刺杀、船上搏斗和焚烧攻船。明嘉靖年间，倭寇患我东南沿海，土司彭明辅携孙儿彭翼南率土兵五千，奔赴沿海。王江泾一战就用这些刀枪阵法取倭寇首级二千余更多溺毙，获朝廷颁发的"东南战功第一"称号。

1728—1733年改土归流后，永顺猛峒坪完成设府建县。老司城和射圃兵器厂及刀枪库随之荒凉。"摆手歌残事业菲，司城风光尚依稀"，毕兹卡射圃今虽听不到打铁叮当声，但地下地面文物仍然丰富，人文景观处处可见。射圃常潭悬崖石壁刻字、司柳口石刻、古柳古荷花池、古城墙、古街道。新修的公路已通到打铁厂平台。

这些静止文物及活文化仍在散发灵气。射圃的灵溪山水依然清幽秀丽，古朴的土家民俗风情依然浓郁，都是老司城文化的重要组成部分。射圃的向姓十多户几十个村民依旧坚定信念，不忘初心、牢记使命，奋斗百年路，启航新征程，愿做世界文化遗产守护人。

第四节　跑马坪

跑马坪，名起于明代。实为明代土司的校场坪。

跑马坪，在老司城土司都督府对岸的灵溪河边。上从灵溪河南门对岸的石鼓边起，往下延伸至狮子口止，长约800米，宽约30米（今已被洪水冲走大部分），是一块完整的绿草茸茸的天然军训场所。《永顺县志》记载："永顺司治二里许，有校场坪，土人常于此演练。"据向姓、郑姓历代传承：土司时代分两种集训方法，一种是平时训练。平时训练骑马射箭要超出跑马坪范围。从石鼓边起奔跑至狮子口，再顺白砂溪而上，约3公里处由道屋处返回。马见道屋则受惊，快速回到石鼓边。土司看谁先回到原处，就给获胜者授奖。另一种集训为训练"旗头阵"，其阵法："每司二十四旗，头，每旗一人居前，次三人横列为第二重，次五人横列为第三重，次七人横列为第四重，又其次七人横列为第五重，其余皆置后，欢呼助阵，若在前者败，则二重居中者进补，两翼亦然。胜负以五重为限，若皆败，则无望矣。每旗十六人，二十四旗合三百八十四人，皆精选之兵也。"所以，明代老司城土兵无论平叛或抗倭均以胜仗而归，每每受到朝廷奖赏。跑马坪一直沿用到清雍正二年（1724年）止，改土归流后，跑马坪成了世代老司城内守牛娃的放牛场地。

第五节　官亭堡

官亭堡，名起于明代。

明鼎盛时代，永顺三知州、六长官地方分为五十八旗，其目为"辰、利、东、西、南、北、雄；将、能、精、锐、爱、先、锋；左、韬、德、茂、亲、熏、策；右、略、灵、通、镇、尽、忠；武、敌、雨、星、飞、义、马；标、冲、水、战、涌、祥、龙；英、长、虎、豹、嘉、威、捷；福、庆、凯、旋、智、胜、功。"以七字为句，每字一旗，凡五十六旗，后添"设"、"谋"二旗，共为五十八旗。每二十四旗为三百八十四人，五十八旗，加上骑兵、水兵、火头军。另有"戎、猎、镶、苗、米房、鼓吹手"六旗，伴当七旗、长川旗、散人旗、总管旗。共计可调集一万多土兵。"各旗分隶各州司，而统属于总司。有事则调集为军，以备战斗，无事则散处于民，以习耕凿。"

官亭堡在博射坪组中心，张家偏坡与彭家湾中间，像篮球般的圆山堡，是土司时代土官选兵、练兵的指挥台，亦即案桌台、付银台。官亭堡下坪地是选兵练兵的场地。

据传说，凡男丁 15—30 岁之间年龄者皆可参加选兵，比骑射、比搏斗，胜者与公水牛或公黄牛相比。《永顺县志》载："初檄所属照丁练选，宣慰签天祭以白牛，牛首置几上，银付之下令曰：有敢死冲锋者，收比银，吃此牛首。勇者报名，汇而收之，更盟誓而食之。其节制甚严，只许击刺，不许割首，违者以退缩皆斩，故凡战必捷，人莫敢撄。"

第六节　搏射坪

搏射坪，名起于元代。

彭氏土司至明代凡调选兵员均在搏射坪。从"搏射"二字讲："搏"指搏斗、拼搏、肉搏等。"射"指骑射，射箭，射猎，射鸟等。明代选兵时先是人与人搏斗，胜者与公牛搏斗。过去，人与人搏斗称"补亚"，或称"抱亚"，那时，搏射坪因此也称补亚村。

搏射坪张姓是从润雅麻阳坪迁来的，始祖在润雅也是州官，到搏射坪之后，仍世袭州官，管理调选兵事。《永顺县志》有载："西北五里，有搏射坪，地势较宽敞，土人多次于此搏射。"土司时代，搏射、搏斗的具体位置在今红军纪念园之下，猫虫坪（毛虫坪）即今郑泽云屋基之上。据传说，土司时代二三年调选兵员一次，若遇朝廷征调之年，再临时调选兵员，战争中士兵死亡减少时，又临时增调。

溪州府下辖五十八旗三百八十峒，旗长、峒民总管或长官司都是军政合一的组织。《永顺县志》卷二十四载："土司有存城兵五营，兵丁每营一百名，一以备捍卫，一以供役使，其兵丁每名领工食银三两六钱，米三斗六升，皆民间派。"城存兵居住在老司城察闹院。《永顺县志》卷二："永顺司治二里泽，有核场坪（指老司城跑马坪），土人常于此演武。又西五里，有搏射坪，又北五里曰射圃，地势较为宽敞，土人每于此搏射。"依此得知，选兵时以"搏"（即搏斗）、"射"（即骑射）为主，两项胜者为初选，然后与公牛搏斗胜者即定为土兵。搏射坪因此而确立一个小村名，即"补亚村"。过去男丁搏斗，称"补亚"，又称"抱亚"。"补亚村"实际是在老司城明代的"吴着大村"的管辖之下。搏射坪的"搏"字，不能用其他字代替，人有手才有搏击能力。土司时期，搏射坪十分热闹，调选兵员时，附近的高峰、雨联、马蹄湖、泽澍等地寨的男女老少来搏射坪观看。当时的张家铺、沈家铺、王家铺生意兴隆，客栈满员。

第十章

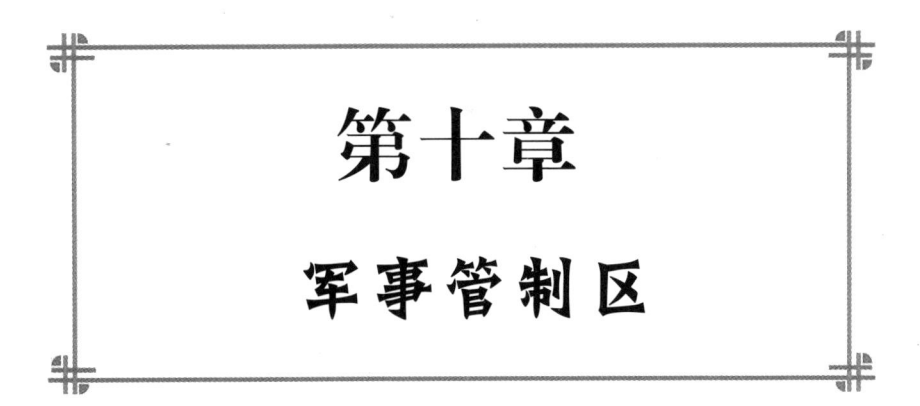

军事管制区

第一节 锡帽山

锡帽山，名起于明代。

锡帽山，土家语叫"墨利威"。山顶是土司时代的烽火台，常年住有土兵值守，是为老司城土司王宫和城内3000户居民通报信息的报信台。土司时察闹院有栈道直通山顶，报信息时以"红""绿"火焰报信。烽火台下有穿洞，满山杂树参天，更有金丝楠木葱茏茂盛，明代土司衙署流官许宽赋诗赞云：

>苍碧崖前展幕轻，初看隐约渐分明。
>即覆不作朝云态，曛日微含暮霭情。
>浓看薜萝青欲滴，浅笼峰嶂翠堪倾。
>果然亦是山川气，难绘灵氛变化情。

清代彭勇行赞老司城楠木：

>楠木叶香自动风，森林独秀五溪中。
>北京营造太和殿，采伐栋梁立首功。

第二节　见亲湾

见亲湾，名起于南宋。

南宋绍兴五年（1135年），第十一任溪州刺史彭福石冲撤会溪坪治所，废龙潭城，在老司城兴城。溪州刺史属三品官员，三品官有权关押犯人、判刑直至判死刑的职权。见亲湾旁边建有一所监狱（即牢房）。从此，该州彭氏政权在老司城经南宋、元、明、清初，见亲塝监狱一直沿用，来见亲塝见亲人的人也长年不断。那时有父母被土司关进牢房，有儿子或其他亲人被关押在牢房；但亲属看亲人，只能在监狱前距监狱百米的一个土塆里等，土司监管官员按规定时间允许犯人与亲人见面，在规定时间内将话叙完，然后监管官员将犯人带回牢房。

过去，土司有"蛮不出峒，汉不入峒"的禁锢，有的无法见到亲人就在见亲湾大哭一场而回。有的土民青年犯罪，土兵押着青年犯人关进监狱，犯罪人的父母还在后面痛哭流涕追赶，赶至监狱前的一个小坪里被持刀的监兵拦阻，只能看着自己的儿子被关押进牢房。所以，当地人们就将见亲人的地方叫"见亲湾"，追赶儿子停步的地坪叫"赶子坪"。那时，尽管土司有"易杀戮为鞭朴"这种比较开明的执法例证，但还是受到"蛮不出峒，汉不入峒"的禁锢，天高皇帝远，只能任凭土司惩处。

第三节　军事垱

军事垱，名起于唐代。

"民国"十九年《永顺县志》第十二页载："唐天授二年（691年）置溪州。"案府志沿革表谓"溪州灵溪郡唐置，中和三年蛮酋分据自置刺史。"唐中和三年（883年），正是吴著冲和我国西南二十个州自置刺史，吴著冲就是溪州最后一任溪州刺史。《永顺县志》第十四页记有："五代以后彭氏据其地，彭士愁为溪州刺史，子孙世有其地。"唐末，彭士愁受朝廷旨意，马殷之托，花三年多时间进入溪州，于后梁开平元年（907年），领大兵从辰州进溪州王村至灵溪河的朗溪关顺灵溪而上，至老司城偏岩，然后攻破军事垱。进东门赶走吴著冲于龙山洛塔。那时军事垱有设施机关，常年有蛮兵把守。消灭吴著冲之后，彭士愁于后梁开平四年（910年），朝廷正式颁旨任命其为溪州刺史。以后彭福石冲于南宋绍兴五年（1135年），在老司城兴城，经元、明、清，彭氏土司又将军事垱作为重要护城关卡并设置军事机关，是福石城城南最重要的关卡。此关卡一直沿用至改土归流止，今有遗址，但后人已修坟墓于此。

第四节 察闹院

察闹院，名起于南宋。

南宋绍兴五年（1135年），彭氏第十一任溪州刺史彭福石冲在福石城兴城。古往今来，凡县一级都设有公、检、法机构，福石城是溪州衙署，刺史一级官员属三品官衔。过去的知县只有七品官衔，都设有相同的机构。所以察闹院应是当时的公、检、法合并办公的地方。从遗址看，察闹院占地十多亩，从半山腰延伸至灵溪河边的官道坎上，又有通往锡帽山顶峰火台的栈道。距监狱较近，是南宋至明代分管公检法的土司官员和存城兵居住办公的地方。据传说，土司时代专派一名大将管理并居住察闹院。彭氏都督府（内罗城）北门，有一条便道通往北门潭至察闹院，是彭氏土司衙署内部官道。那时，北门潭长年停有大渡船一艘，专门配有船工看守渡船。察闹院门前的灵溪河边抛有拴大船的铁锚一个，20世纪80年代老司城有人捕鱼时在北门潭发现大铁锚还沉在北潭察闹院门前的深潭里。察闹院遗址是老司城核心区遗址的重要组成部分，属八大功能区中的军事管制区。《永顺县志》卷二十四记载："土司有存城兵五营，兵丁每营一百名，一以备捍卫，一以供役使，其兵丁每名领工食银三两六钱，米三斗六升，皆民间派。"故察闹院土司时代人员密集。

注：土司时期常驻察闹院有500存城兵。

第五节 监 狱

监狱，名起于宋朝南宗时代。

监狱，人们俗称牢房。老司城（福石城）的监狱在今见亲塆、赶子坪的坎上，占地约3亩。见亲塆监狱，土司时代常年关有犯人，直属察闹院所管，有土司官兵把守，有现在永顺县北门的看守所同样的功能。见亲塆监狱，从南宋到雍正二年（1724年）止，是土司执政的八大功能区中不可缺少的组成部分。

土司时代，彭氏土司有开明执政的功绩，德政碑中有记载，彭翼南墓志铭也有记载。但溪州距中原王朝数千里，天高皇帝远，土司封闭自守，推行"蛮不出峒，汉不入峒"的政策，那时谈不上"监钦"，所以只能称"见亲塆"。

第六节　活剥湾

活剥湾，名起于唐代。

唐贞观初年至唐末，老司城是一座繁华的山城，有正街（又叫新街）、左街、中街、半坡街、东门街（紫荆街）及左街至巷口的五铜街。传说，吴著冲的祖先即八部大王管辖溪州，王位世代承袭，直到唐中和三年（883年），朝廷允许西南蛮夷地区自置刺史（《永顺县志》第十三页记载："案府志沿革表谓溪州灵溪郡唐置，中和三年蛮酋分据自置刺史"）。

唐中和三年（883年），吴著冲此时与溪州周边的二十州蛮酋均是刺史一级的八部大王。吴著冲晚年不受溪州百姓欢迎，欺压鱼肉百姓。传说他三年要烧一次百姓的茅草屋，60岁生下女儿，年方二八时招女婿又杀死许多青年后生。今察闹院遗址也是吴著冲及祖辈执法的地方，活剥湾是历代杀人的法场。

彭士愁于后梁开平四年（910年）成为溪州刺史，起初治所在九龙蹬、会溪坪、龙潭城。然而，现存的福石城彭氏从未放弃，执法和军事管制区察闹院依然利用。例：百姓世代传承的彭士愁主持后晋天福二年（937年）建祖师殿，后又建观音阁，二庙均为彭士愁所建。因此，第十一任溪州刺史彭福石冲于南宋绍兴五年（1135年）在福石城兴城，而不是新建福石城。

第十一章

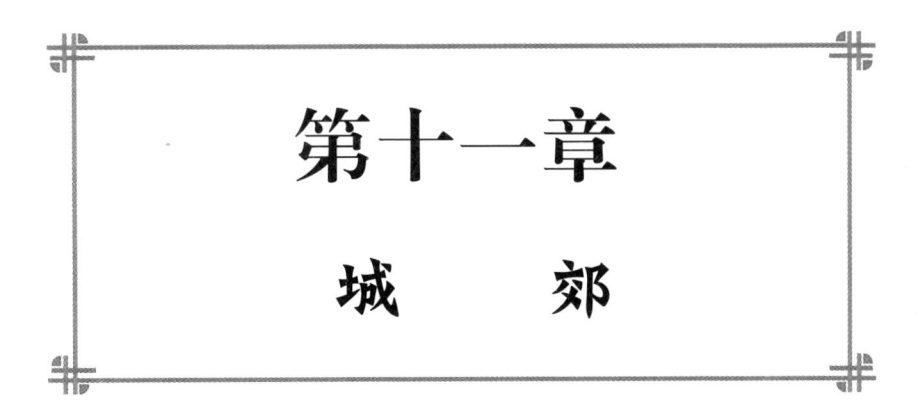

城 郊

第一节　菜园坪

菜园坪，得名于明代。

走灵溪河的人西经狮子口至迎师坪，再翻过坳即到菜园坪，菜园坪约十余亩地。地边是向姓祖墓地和菜地，原先均由土司划拨。

当年，向姓亲随彭土司迁来湘西沅陵莲花池定居。宋代又从莲花池迁到小龙村（腊惹峒），明代再迁老司城定居。《向氏族谱》载："腊惹峒，今永顺下椰保地。元属思州，以向孛烁为峒民总管。洪武二年（1369年）改属永顺，升孛烁子士贵为长官。士贵传顺［宣德元年（1426年）袭任］。"明史土司传称，宣宗时总兵官萧授奏："酉阳宋农里、石堤峒军民被腊惹峒长谋古赏等连攻劫，又及后溪，招之不从乞兵剿之。谋古赏等惧，愿罚人马赎罪及罢兵。"谋古赏称峒长，疑系长官下属官。

向顺传忠，正统三年（1438年）袭任；忠传弟源，成化元年（1465年）袭；源传胜祖，成化十二年（1476年）袭；胜祖传世龙，世龙传銮，銮传本良，本良传九能（龙），九能（龙）传仕朝。顺治四年（1647年）同宣慰司使归清。仕朝传中泰，中泰传弟中和。雍正五年（1727年）随总司纳土。

老司城向姓还可追溯至后梁初年的始祖向宗彦，即向老官人。

后晋天福四年（939年），溪州刺史彭士愁为报马楚官员粗暴赋税轻启边事，决然发动溪州之战。战败后乃命长子师裕，次子师杲承受向宗彦组成溪州五姓与楚王马希范议和结盟。向宗彦建言马楚王效仿东汉建武年间马援征南蛮立铜柱故事，马氏赞同。铜柱第三十九行刻有"武安军节度衙前兵马使，前溪州左厢都押衙银青光禄大夫检校太子宾客，兼御史大夫上柱国向宗彦"字样。至此千年一柱天下太平。溪州战后，朝廷命向宗彦驻莲花池世守旧疆。

全国《第三次全国文物普查不可移动文物登记表》载龙山县火岩尺格峒车夫老土王庙纪事石碑刻："天福五年（940年），爵主奉晋王旨，因马希范、田好汉、向宗彦镇服溪州。宗彦住莲花池，好汉住石牌楼，希范为伏波将军，为爵主世授楚王。今会溪坪铜柱是其亲立。柱间文字可考也。"

向宗彦为辅佐彭氏立下汗马功劳，他以清廉著称，在溪州乃至大湘西留下许多传奇故事，成为湘西三大土王：彭公爵主彭士愁；向老官人向宗彦；田好汉田尔庚。殁后三人成为尊神陈设湘西各地摆手堂，世代受土家族人敬仰。

江西彭氏从五代到元朝实行土司制度，世代给予向姓优待：老司城三座莲花山就是划给向姓的墓地；又在旁边划拨菜地（种菜给土司王府），菜地边的墓地至今有向姓几十座坟墓，因而称之为菜园坪，菜园坪地名得以传承至今。

第二节　向公塆

向公塆，清末民国初年得名。

它坐落在送君坪沿头今老司城停车场边，即顺现代公路从八桶湖进老司城与瓦至下别些分岔处，当年地块一半面积已成公路。

向公塆指的是左街向姓祖先向才选。他从小爱习武，重孙家中至今存有练武石砣。向公武术在老司城颇有名气，传说清末民初，老司城关帝庙存有关公青龙偃月大刀一柄，重百余斤，向公能操持玩耍做渔翁垂钓状，拿住刀柄末端挥洒自如。晚清永顺府举办武考，向才选轻取儒武举功名，人称"武相公"。向公塆因而得名。

武陵山古溪州历史悠久，新石器时代到夏商周留下无数文化瑰宝。唐贞观之治时，溪州豪强吴著冲六代八至十人承袭八部大王并自置刺史，直到马楚王国派遣江西彭氏入驻溪州设计夺得刺史位。老司城数千年来，不仅留下世界文化遗产，还留下很多仍有历史价值的"谜团"。我们这代人要乘老司城申遗成功的东风，争做家乡文史的解谜人。

第三节　阿吉和段家湾

阿吉和段家湾，得名于明代鼎盛时期。

阿吉的土家语意为：小小岩坷土。段家湾汉语意为段姓人家住的地方，其内部又有上下两湾。

阿吉同段家湾同指一地，即钓鱼台遗址后山那处土湾。话说老司城鼎盛时城内三千户，城外八百家，附城八街九巷已无空地，土司只能指定新户小姓到城外偏僻处定居。段家湾距老司城仅一里路，但很是偏僻，上下左右皆是悬崖峭壁，出入全靠湾前灵溪河。当时段姓人家维持生活一靠偏坡陡坎种旱作，二靠灵溪河捕鱼虾，三靠进城经商做生意，四靠给码头搬运或给土司察闹院当兵丁挣口粮。好在无论当地人还是外来人，只要人勤快或有手艺，就不难找份工做活路。改土归流后老司城衰败，城内人口生计困难，很多姓氏陆续迁出，有些人家甚至迁居到外乡外县外省乃至东南亚地区。现在的阿吉/段家湾、王家湾、周兰湾、杨家码头、杜家屋场等遗址，都是当年老司城繁荣的历史见证。

第四节 钓鱼台

钓鱼台，得名于明代。

钓鱼台遗址在老司城察闹院对面即灵溪河东岸。老司城遗址发掘时，笔者曾与永顺县文物局副局长雷家森一起见证地面青砖、石灰墙脚，应是土司垂钓休闲豪华凉亭遗址，在此垂钓不难满载而归。《彭氏土司稽勋录》载："彭世麒字天祥，彭显英长子，弘治五年（1492年）三月继任……"又载："彭世麒在任16载，并致仕以来所向克捷，修建颗砂行署，聘延永定卫樊君使公子樊珍，朝文讨论建祠修学崇礼尚贤，请凡制度焕然一新……"又载有："彭世麟致仕恬退之余，常怀养育之恩为母求寿，因于颗砂行署之东，建修佛阁一座，名曰桃花庵。"彭氏土司第二十三世彭明辅于明正德五年（1510年）袭职之后，更在永顺猛峒坪修建猛峒别墅、吊井别墅、壶窝（河沟里）别墅。以上各处官署均修有钓鱼台，包括吊井岩（实为钓矶岩）灵溪河边一处。明代鼎盛时期的老司城，更是附设钓鱼、别墅、花园于一体的宜居甚至享乐场所。这些遗址当然也是老司城原遗址文化值得传承的组成部分。

第五节　青岗包

青岗包，得名于宋代。

青岗包是宋代土司烧制浮雕花砖处，其遗址在今喻家堡附近白砂溪边。山堡面积约5亩周边有田10余亩。明代窑址则迁往颗砂。老司城遗址发掘时，笔者曾随同永顺县文物局雷家森副局长在青岗包前后发掘寻找，结果仅发现烧瓦窑址，未见到浮雕花砖窑址。但青岗下的田边发现烧制过的浮雕麒麟脚一只，证实宋代此处有浮雕花砖窑。青岗包西对面白砂溪坎上，确有几座土司烧瓦窑址发现。中华人民共和国成立后，老司城村民还曾利用旧窑烧制过砖瓦，可见遗泽久远。

第六节　自生桥

自生桥，得名于汉代。

自生桥是老司城郊区的地名和山名，坐落在灵溪河土司官道约13华里处。

老司城上起自生桥下到龙潭城，属灵溪河中游，这段河床地势较平，土家苗汉各族先民自古在此渔猎繁衍生息，留下许多传奇。自生桥原是一座东西走向小山，山上杂树参天四季青绿，山下洞内一条小河汇入灵溪河。生态环境好时，清水从石洞急泻而出，形成碧绿深潭。当地人认定此桥是开天辟地时形成，故名自生桥，还说"洞内有八洞神仙集会的宫殿，宫殿内有戏台"。自生桥还曾有"王志求仙"传说。过去灵溪附近百姓家里办喜事，还可前来向"八洞神仙借厨具碗盘……"《王志求仙的故事》就讲很久以前，聪明好学的本地少年王志曾住灵溪河边。15岁时已历经10年寒窗，精通琴棋书画，只因家庭贫困不能参加科考，只好跟随父亲下灵溪河捕鱼，眼看文才埋没。青年王志16岁成家，30多岁生下10个儿子，个个能靠放鹭鸶捕鱼养家。四十多岁时，王志已是儿孙满堂家给人足，上周父母下周儿女。但他仍坚持天天捕鱼，所得除了自用还送给附近穷人和贫病老人，病人吃过王志的鱼多能好转。他就这样几十年如一日，活到九十多岁身体仍然健壮，仍能坚持在河面上捕鱼，从自生桥下到龙潭城。老司城人见到他都讲：您老人家一生做这些好事，一定会像神仙一样长寿不老。

第十一章　城　郊

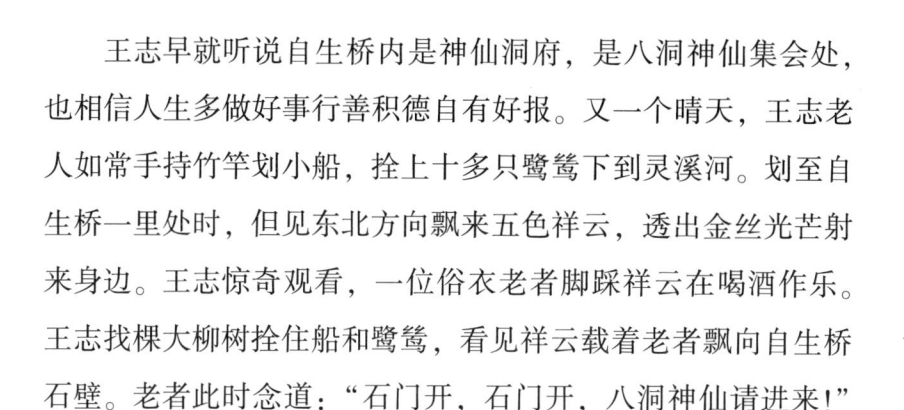

王志早就听说自生桥内是神仙洞府,是八洞神仙集会处,也相信人生多做好事行善积德自有好报。又一个晴天,王志老人如常手持竹竿划小船,拴上十多只鹭鸶下到灵溪河。划至自生桥一里处时,但见东北方向飘来五色祥云,透出金丝光芒射来身边。王志惊奇观看,一位俗衣老者脚踩祥云在喝酒作乐。王志找棵大柳树拴住船和鹭鸶,看见祥云载着老者飘向自生桥石壁。老者此时念道:"石门开,石门开,八洞神仙请进来!"念三遍后,石壁松动敞开两扇门,放出千丝万缕金光,王志跟随老者顺光线进洞,石门随即关闭。

王志进洞,见有八位老者下棋,其中一位仙姑。王志恍惚中在洞内看人下棋,饿了顺手吃些茶桃供果,也不觉疲累。一位老者忽然发问:"今天这里有几个人?"王志老人答:"八个。"老者点头称是。转天老者又问王志,"你今天好生数,这里有几个人?"王志仍答八人但突然醒悟,急对八老说:"我忘了大事"。老者问"什么大事?"答曰:"我进洞恐有多天,还有小船和鹭鸶拴在沙洲柳树上。鹭鸶怕要饿着,寨上儿孙们和病人还要吃鱼。"说罢转身寻路就要回家,众老挽留不成。可刚走一步洞府突然变成漆黑不见路径,王志急问老者如何是好。老者答道不要紧,顺手塞来一支红蜡烛,王志接过蜡烛就有了光亮。他朝原来方向走,不多时来到洞口,但见外面仍是白天,手上蜡烛熄灭但中指还有蜡烛痕迹味道,只是眼前全无石门仅有石壁。王志心急仰天长叹之际,忽见石壁上贴有字条写着:

王志乞求仙,单程如九天;
洞中方七日,世上几千年。

王志不看落款就知道，洞中一天世间300年。那7天就是2100年，那还了得。再看落款竟然是铁拐李、吕纯阳、何仙姑、张果老、韩湘子、蓝采和、汉钟离、曹国舅八洞神仙。王志失神回到拴船地方，但见几位姑娘在滩边洗衣，便问姑娘们，可看见我的船和鹭鸶在哪儿。姑娘们回答不晓得，只听老人讲古，说这沙洲叫烂船洲，几千年前一位渔翁王志老人升仙失踪……

这故事一直流传至今。自生桥另一神奇之处是明代彭氏第二十二世宣慰使司彭世麒（思斋），于弘治十年游玩到此（干洞），往石壁上刻下"石桥仙渡"，字样至今完好。

注：上周父母下周儿女是当地民俗，上指孝敬父母至归终安葬；下指生儿育女培养到娶妻嫁人。

第七节　弄塔

弄塔，得名于汉代。

弄塔实为"龙塔"，因其周边还有地名龙潭城。

土家祖先崇拜八部大王，按说也是龙的传人。吴著冲祖先据说就是真龙现身。八部大王走过住过的地方，地名多以龙字开头。例如墨着王住处称王村，吴著冲祖先住处称龙洞、龙门沟、龙塔，惹巴冲住处称龙山等，这些风俗倒与中国很多地区相同。

湘西溪州本地人有崇拜龙的传统。他们视八部大王为"真龙天子"。吴著冲的父亲吴着冲，伯父吴着甲，从白砂溪龙洞走来，迁至距老司城12里的龙塔定居，这是吴著冲和堂兄弟长大成才时。

吴著冲家在龙潭城已是家财万贯有权有势，自称八部大王。他们在龙潭城修建高楼大厦，与伯父吴着甲的儿子比本事，看谁朋友多。大厦落成后，他们邀请上溪州龙山的惹巴冲来龙潭城做客。《龙山县志》载："其先有老蛮头吴著冲，今邑之本城洗罗、辰旗、董补、洛塔、他砂诸里，皆其世土……又有惹巴冲与吴著冲结为兄弟，今邑之明溪、五寨、坡脚、捞车、二甲、三甲、四甲诸里皆其世土，后亦为珹所并。"《永顺县志》也有记载："吴王厅山又名吴王屯山。"吴王此时已有很多蛮兵经常驻扎此山，故名吴王屯山。此山在永顺塔卧境内，是去桑植龙山方向的必经之路。

吴著冲与龙山惹巴冲、春巴冲结为兄弟，势力更强大。他与伯父的儿子们产生家产纠纷，官府无力调解，最后竟闹成惨案。

吴著冲在唐中和三年（883年）成为八部大王和溪州自置刺史。传说他晚年无儿，60岁才得一千金。吴著冲丑陋女儿却如花似玉，这才为女儿招驸马杀死百姓家许多20岁左右的男孩。此时，吴为保住溪州刺史八部大王之位，急选努力嘎巴、科洞毛人、田好汉、热其巴等溪州本领高强者作保驾臣。吴著冲此时从龙塔（龙潭城），到老司城吴来坪建筑高楼大厦作为溪州刺史府，号称小王朝。江西彭士愁这才与父亲和伯父彭玕暗带长沙楚王马殷的朝廷托命，花费三年多时间，与吴著冲女儿结为夫妻，最后把老岳父消灭在龙山洛塔山界。彭士愁于后梁开平四年（910年）成为溪州刺史，其孙彭允林于宋开宝四年（971年）任职溪州刺史，重建龙潭城。

弄塔、龙塔、龙潭城，都是老司城遗址的重要组成部分。申遗前后，省州县考古专家在龙潭城发掘出很多重要的历史证据。

弄塔（龙塔）即龙潭城文化遗址，乃是老司城遗址重要组成部分。

第八节　万代屋场和龙洞

万代屋场和龙洞，源于汉代。

这两处都在老司城郊区白砂溪沿头。老司城全境原是原始森林，号称万马归朝。这片原始森林的居民原以渔猎为生，到秦汉时已经有繁华小镇规模。今日正街又称新街。瓦场王姓老人讲，万代屋场原是吴著冲祖先屋场。王姓人猜测，秦始皇统一之前曾搞焚书坑儒。吴著冲的祖先王某，可能就是秦皇坑儒对象。他乘秦未灭楚之前，逃到万马归朝原始森林处的白砂溪沿头定居。

万代屋场今属瓦场（那土车）。居民屋场二三亩。后山乃是偏坡。山上至今古木参天，前面有白砂溪长流水。老司城申遗前，永顺县文物局雷家森副局长携带笔者考察万代屋场，既未发现砖瓦，也未发现灰浆堤坎。这似乎说明吴氏祖先来万代屋场早期，家境贫困如同当地土家苗裔人民，住的全是茅屋，顶多有些筑土墙屋，全无瓦片砖砣。万代屋场的"万代"不指富有而指时间久远。

龙洞坐落在万代屋场右侧对面白砂溪西，约有十多亩田。传说吴著冲祖先在万代屋场发家后，才到白砂溪西十多亩田园建造前所未有的高大木屋，让老司城内居民百姓叹为观止。照理说此处一无陡坎二无山洞，何以称龙洞？传说吴著冲祖先来后家发人兴，成为溪州八蛮之地八部大王之一。溪州及大湘西居民称蛮酋首领为"王"，发音为"龙"。他们认为"龙"是力量的象征，蛮民即称吴著冲祖先蛮王，其屋场就是龙洞。

中华人民共和国成立后，曾在保靖拔茅乡水坝村出土"八部大王庙残碑"，上载"首八峒，历汉、晋、六朝、唐、五代、宋、元、明为楚南上游……故讳八部者，盖以咸镇八峒，一峒为一部落"。可见白砂溪龙洞早在汉代，就已是湘西酉水流域八峒之一。

吴著冲的祖先当上溪州八部大王，与土著先民较早融合成为首富，常用钱米提携求助百姓，受到苗裔拥戴。他们先在龙洞发家致富成为权贵，然后扩展势力到老司城下游约12华里的"弄塔"买下大片田土山坡。随后又迁到老司城上游吴来坪。

第九节　那土车

那土车，明代土家语地名。

那土车在今司城村瓦场居民小组高坎，现有近20户人家70多人，分别有彭、王、黄、秦、邹等姓氏。

土司时代，那土车瓦场坎上经营瓦窑的人户更多，还曾有过杨姓人家。那时的瓦窑距白砂溪仅300米的小半亩土台，就是杨家挑水造纸之处，人称"杨家码头"，后来因洪水冲刷消失。当时烧瓦多用山上杂木灌木树枝丫。烧窑除了要请技工师傅，还要有人砍柴运柴、挑水灌窑、搬运产品。这些活路多由那土车（瓦场）百姓承揽作为重要生计。那土车田土肥厚，瓦场离城且近，村民百姓亦农亦工。劳作虽然辛苦，但钱粮都有些来路。当地农作物除了苞谷小麦杂豆，尤为丰收的是刀砍火种小谷。勤劳农家可年收几十担，过年时请人打成小米粑，来年五六月仍可做上山做活干粮。

改土归流之后，老司城住户多有外迁，那土车村民仍能留下，仅有杨姓人家迁出。各家仍靠种植杂粮和开垦白砂溪水田过活。直到清末湘西匪乱，导致王、彭等姓外迁。

如今大湘西城镇化进程提速。那土车瓦场20多户人家虽在老司城，人已迁入永顺县城。但留守村民仍在守护瓦场的青山绿水祖辈家园。

第十节　壶窝别墅遗址

壶窝，明代土司别墅遗址，又名河沟里。

这台遗址距搏射坪仅隔一座丁家坳山。从老司城顺灵溪河边土司官道有6公里路程。

壶窝地盘约有2平方千米的平地，四周群山滴翠乔木参天，云雾缥缈，土司别墅就在后山坎上。它东有巍峨的狮子山，南有幽深的马脑壳深谷，西有灌木陡坡树桐坳，北扼交通要道钓矾岩，实是老司城到猛洞坪官道上的重要防卫关卡和交通枢纽。

当时人们要从老司城去湖南桑植湖北来凤，甚至去大庸永定卫所，都要经过此处。来自大庸、慈利、常德方向的各路货运客商马帮船队及其运来的棉花、布匹、食盐，运出的茶叶、桐油、茶油和土特产，都要经过河沟里，可谓车水马龙行人来往如织。

永顺《彭氏土司稽勋录》载："彭宗舜号中轩，彭明辅次子……嘉靖六年（1527年）继位。是年广西思田恶目叛，提督两广姚都御檄彭宗舜征剿。宗舜统兵6000驻扎南宁。"叛首卢苏、王绥闻彭宗舜兵威大骇，自愿归降诚服。兵部王尚又檄称："浔州府地名牛场花相苗岭等处叛，彭宗舜征剿。己丑年宁乡贼付万绥等叛，湖广瞿抚臣檄彭宗舜克破龙山门，生擒贼首付万杰……奉旨加级给服色，进阶授昭勇将军……其仁爱及物与民偕乐，钓猎自娱而筑壶窝别墅，不贻厥考忧者，才德兼优……在任十八年寿三十三，殁葬雅草坪，谥忠壮。"

民间传说，彭宗舜修建的壶窝别墅是一栋五柱八棋八排七间两层四方转角楼，还有些附属建筑。四周围墙宽三尺高八尺，皆用花砖石灰浆砌。别墅大门朝东北，门板用金丝楠木漆成朱红色，门钉密排铜珠泡。大门两旁摆有高大石狮。附近还建有荷花池、钓鱼台和大片田园。别墅正屋与附属屋之间的巷道用河卵石铺砌。田园种植树木花草四季如春五彩缤纷，花摇蝶舞芬芳四溢。四周山峰更有树木葱茏遮天蔽日，林中多有飞禽走兽供土司观赏畋猎。据说每逢桃花节、社巴节、喜庆宴会后，土司王都要携妻妾丫鬟来壶窝休憩。这座壶窝别墅距花垣村一华里。另说宗舜曾祖彭显英在猛洞坪北修建的猛洞别墅也有相似格局。

清中叶改土归流后，土司权力由流官接手，人流物流中心从老司城转移到永顺县城，壶窝别墅随之荒废，很多建筑材料撤迁到灵溪镇用于建府设衙。荷花池开作水田，钓鱼台石料转作砌坎，守门石狮到1970年由当地人改成磨盘，但壶窝别墅之名仍有流传。

注：今老司城村民和搏射坪村民亦称壶窝别墅为"官屋场"。

第十一节　孝感泉

中国民间自古就有二十四孝故事流传，老司城也有魏国梁葬父求水哭干泉的传说。

话说几百年前，老司城东门曾有魏姓30多户百多人口聚居。其魏国梁全家赤贫。父亲50岁国梁出生，10年后又有了3个弟弟，国梁母亲且是青光瞎。全家6口人借用族人地基，勉强盖成千根竹子作屋架，丝茅草当瓦盖的棚户栖身，邻人都说魏家风扫地月点灯一无所有。

魏国梁生长在这样的穷家，却能虔心孝顺孝敬两代长辈老人。他出外做工，不忘把挣得的衣食带回孝敬长辈。父母有病，他还要煎汤熬药侍候，无心顾及终身大事。他还立志学习古人美德，协助父母把3个弟弟拖大成人，还帮其中两个娶妻成家（另一弟弟身残未娶），他本人却终身孤单。

魏国梁49岁时，父亲在98岁离世。他无力葬父，情急之下只能身穿孝服头系草标，跪上司城大街哭喊："卖身不卖年月长，三年期满转回乡。"溪州张姓大户见状感动，付他10两纹银一匹白布，约期3年长工。他回家用5两纹银葬父，另5两留给母亲和残疾弟弟生活。老父发丧时天气炎热，抬棺队伍口渴疲累，眼看不能如期下葬。国梁见路旁有口干井，就地下跪痛哭，泪入枯井化成清泉涌出地面，让抬棺队伍抖擞精神完成安葬……

后人为此题诗：

夏日炎炎可畏天，

孝子跪拜求干泉；

感泉雅意温和酿，

子孝孙贤魏国梁。

　　据说文人唐伯虎后来到司城专题："雅草甘泉"（感泉）四字。清雍正年间，又有一位退役返乡的文人游玩老司城数天写下老司城"十八景诗"，其中一首"孝感泉"就有"感泉雅意温和酿"诗句。

第十二节　松枣摆手堂

松枣距老司城7华里，是明代土司别些公园中心，又是历代土司王及其官兵去南渭州列夕芷草衙署必经之地。

距此松枣一里多的山堡上，原来还建有一座"地母庙"。庙内供奉有地母娘娘和王灵官菩萨，还有大钟一口大鼓一面。

松枣摆手堂建在寨心对面大沟坎上。那大坎原是高十余丈，顶有三亩多地的圆形土包。其左边是山寨大道，右边是天然干沟。松枣庙堂由18根大楠柱采用横梁架搁结构建造。长方形的殿堂高约八丈，宽约两丈，进深二丈八尺，分前后两厅。正面中央供奉地母娘娘和王灵官菩萨，左右放有一口雄狮大钟和一面牛皮大鼓。庙堂左边厢房祠堂横宽一丈三尺，内设神龛供奉已故土司祖先牌位。神龛高五尺，牌位高三尺宽二尺五寸，上写彭公爵主某某之灵位，共计四块。神主分别为彭士愁、彭师裕和允林、允殊及生卒年月日。两侧间配享科洞毛人、向老官人、努力嘎巴、田好汉等大将。庙堂右边厢房是庙堂管理人住房、厨房和存放摆手舞时所用锣、钹、鼓、号、笙、笛等各种土家古乐器的库房，前面正厅就是摆手堂。

正殿的地母、灵官菩萨和钟鼓，都是从山堡庙迁移来的，山堡庙搬空，就叫"庙堂枯"了。老人说庙堂枯是土司凤凰山的龙脉过境处，盘古时代的老司城万马归朝群山，就是从武陵山脉的中支黑山脉发源，日夜兼程奔向老司城而来。凤凰山展翅腾飞，途径庙堂枯也要息翅一会，再飞往太平山右侧落成上山凤。

土司王宫殿修在上山凤的尾部，故而庙堂枯殿不能击鼓撞钟，否则土王宫殿晃动主公不安。这些限制，最终导致庙堂枯殿堂撤毁，庙内的地母、灵官菩萨和钟鼓，都迁来松枣庙堂。

松枣在土司时代曾有彭、向、罗、王、肖、谢、石、李、田九姓居住，其中彭姓最多。松枣那时统称别些，概有田家湾、石家堡、下别些等四个山寨。自从彭瑊、士愁父子进入五溪，公元907年灭吴著冲，次年成溪州刺史。他们不断经营别些森林公园，历经八百余年九个朝代，始终保持松枣摆手堂热闹繁华。民间传言这里的土家青年男女相聚庙堂跳摆手舞直到"民国"前二十年。庙堂和祠堂香火一直旺盛，逢年过节初一至十五，敬拜人络绎不绝。

松枣摆手堂作为土司别些公园核心建筑，观光景点最为集中，有田家湾十五棚香饼磨坊、水碾、筒车打水、马屎坝、马屎铺、腊果洞飞泉、吊坎瀑布、猴儿吊颈等景观，两条深溪的溪边峭壁高数十丈，仰望晴空一线天。山溪水净鱼游虾跳，原始森林之中兽吼鸟啼。这些景观逗惹周边青年男女来松枣摆手堂聚会跳舞，成为土司别墅的亮丽风景线。

当年土司官兵去南渭州列夕衙署走官道至永顺再抵衙署，里程长达75千米，而从别些松枣经马屎铺过抚志到列夕码头到芷草衙署，则只有40千米。土司官兵每次出动，都要把三五十匹乘马放养在马屎坝存栏。马屎铺住宿官兵也常来松枣摆手堂寻欢作乐，为松枣增添热闹气氛，今日的马屎铺仍有参天树木和田家湾清泉长流。

松枣摆手堂和附设的庙堂祠堂，千百年来发挥功用保存完好。直到2001年连洞乡别些村民修建别些小学时撤毁。

说到马屎铺，还得说说土司时代养马史。土司养马用途有三：一是每两三年向朝廷定期贡马；二是军备马匹增殖；三是山地交通运输脚力。溪州当年大力发展养马业。老司城郊区的养马场就有：新庄村马洞、连洞石叠马夹洞、高峰马屎坝、雨连马屎坝、马蹄湖、抚志马腊、麻岔马拉和下别些马栏湾等十多处。

马屎铺跟马屎坝相连，都是土司官兵常去的南渭州休养地。马屎坝主要指马场，马屎铺主要指马厩街市。如今马屎坝马屎铺长有参天树木，但人们仍牢记着这条路及沿途的地名。

第十三节　槐划坪

槐划坪，清雍正年间新建。

清雍正二年（1724年），第三十四任土司彭肇槐感到形势不佳，遂策划在老司城30余里外的颗砂新建司城。彭氏经营老司城数百年，深得周、魏、朱、向、肖、许、付、陈、秦、王、郑等大姓拥护。肇槐和历代土司当然铭记这块风水宝地，迁城颗砂仅为暂时避嫌。他早知大清顺治康熙两代就有改土归流之议。雍正初年，改流风声越吹越烈。彭肇槐为答谢各姓老户，开始给他们划拨田土荒山分散财富。龙潭城秦姓最早结识彭氏土司，一直是土司家的渔户。彭福石冲来老司城后，专修鱼肚街让秦姓先民居住。到彭肇槐时，秦姓服侍土司也有八百余载，划拨土地作为基业也是一种答谢。

秦姓人记载一块山地方圆十里，"上齐马蹄壳，下齐九肇坡，上齐山顶，下齐河根。"其中的槐划坪有水田旱土十多亩，包括龙洞河坪屋场，都是土司划拨。龙洞老屋场遭山洪垮岩后，迁往槐划坪重建。传说秦姓祖先住到槐划坪后，又听对岸（洞落）悬崖古树鸟雀每晚呼叫："要发财，搬过来！要发财，搬过来！"秦姓于是又将屋场迁至灵溪河对岸洞落，后来果然家发人兴，繁衍出20多户70多口人。20世纪70年代，洞落失火全寨烧毁，县民政局出手扶持，村里干部配合，把全村分散到老司城5个生产小组插户。

第十四节　祠堂堡和落田堡

祠堂堡兴于唐代，落田堡兴于宋代。

祠堂堡建在龙潭城下的灵溪河漩潭坎上，应该跟唐代贞观盛世的积极影响有关。当年老司城一带农牧渔业显著发展，龙潭城居住的王、秦、彭等姓氏里，王姓最有建设祠堂的能力。

落田堡则建在龙潭城上面，留有宋代祠堂遗址。龙潭城的田土经营管理权，原属雅颂溪陈、秦、彭、邓几家。20世纪70年代落田堡开田时，曾发现石灰浆砌田坎和石灰城墙遗址。笔者推测那应是彭士愁孙，彭允林于宋开宝四年（971年）建龙潭城遗址。允林任期内曾建彭氏祠堂，现在龙潭城上下都有祠堂遗址，分属王、彭两姓，但哪姓在上哪姓在下，则有待考证。

第十五节　义渡田、学田和庙田

义渡田和学田，均兴于明代。

按照土司时代习俗，枒坊口、朗溪河、哈尼宫、两岔口、油码头、列夕、勺哈、王村、润雅温潭等地都有渡口，也都设有义渡田。老司城有义渡田两处：一处约两亩在白砂溪犀牛潭对面；一处约一亩在送君坪。其余义渡田多依托渡口，由土司或知州划拨。

学田多直接由彭氏都督府划拨。永顺的勺哈、浦口、连洞等地均有，但数目不详。

土司时代老司城及三州境内寺庙还多有禅田禅土，分布多在勺哈、浦口、吊井、连洞、石堤、洗坝湖、泽家、抚志、王村等地。这些禅田禅土曾保留到中华人民共和国成立初期，后来确立田土山林地界时才渐次收归国有。

历代土司亲属还有官田官土世代传承。例如彭土司府衙周边（生活区包括吴来坪）就住有近千亲属，他们的生活来源主要靠官田。土司官田多在塔卧昌坪，官土多在老司城附近。官土多跟土司墓葬"寿德山"（后称紫金山/八桶湖/象鼻山）有关，亦称官山，如泰平山下就有"官山"。

前述义渡田和学田地名至今仍有传承。

第十六节　伴湖的官邸沟、营山、万人坑、吴撤守山、银子洞

伴湖的官邸沟、营山、杀人坪、万人坑、吴撤守山、银子洞，兴于唐末。

民间传说永顺县原有48个伴湖，又有说148个。老司城周边有过利木湖、泽汲湖、岩落湖、八桶湖、龙洒湖等，但没有伴湖。此处所讲伴湖，多在永顺县城外10千米的伴湖村周边。

话说彭瑊、彭士愁父子于唐末领马楚加辰州兵万余，追击溪州土著首领吴著冲到伴湖大战两天两夜。那年十月十八乃是吴著冲生日。彭瑊、彭士愁带兵攻破老司城东门入城。吴著冲自知溪州衙署不稳，便携带大批财宝沿官道出逃。但他刚到陈家寨就遇彭氏追兵阻击，双方展开激战。彭氏将勇兵个个强悍，将吴著冲逼下灵溪河。吴著冲运动法术腾飞，彭瑊手下先锋罗氏放箭中吴右腿。惹巴冲将吴救起继续逃跑。陈家寨从此改名"落塔坪"，吴氏落水处得名"落水洞"。

当日彭瑊大兵追到猛洞坪已是亥时，下令休息片刻并派出当地精壮探子兵尾随侦探。探子兵尾随追至附近伴湖山寨时，发现吴著冲逃兵营盘并将细节迅速回报。彭瑊离开官道乘月色走山道摸进伴湖以西山中，靠近前敌扎营，准备次日拂晓决战。

吴著冲发觉敌情先发制人，派出先头兵千余抢占大坪。彭

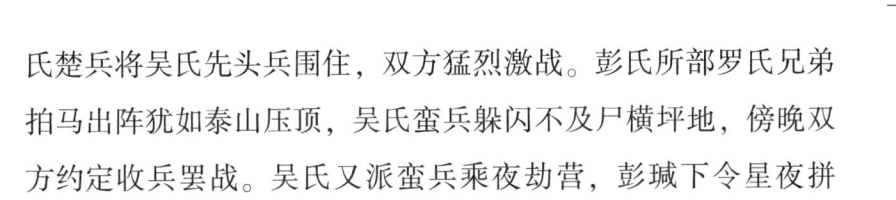

氏楚兵将吴氏先头兵围住，双方猛烈激战。彭氏所部罗氏兄弟拍马出阵犹如泰山压顶，吴氏蛮兵躲闪不及尸横坪地，傍晚双方约定收兵罢战。吴氏又派蛮兵乘夜劫营，彭瑊下令星夜拼杀，战至次日凌晨。吴王落败带领残兵逃往上溪州龙山，遗下大批银两军资，还留下伴湖附近六处地名：官邸沟、营山、杀人坪、万人坑、吴撤守山、银山洞。

官邸沟指当年彭氏大军前敌指挥所；营山指彭军扎营处；杀人坪指双方激战的伴湖坪；万人坑指掩埋双方兵士处；吴撤守山指吴著冲出逃营盘；银子洞指吴著冲败逃时掩藏军资银两的山洞。

伴湖已故退休教师张来仪写有讴歌古战场六处地名的韵律诗一首：

群山巍巍竟葱茏，未见当年战火红。
雪雨千秋陶伯气，冰霜万载掩兵戎。
长风悲古二番叹，明月观今几度愁。
莽山苍茫多故事，古迹未解念英雄。

第十七节　花园村

花园村，名起源于明代。

吊井乡花园村，坐落在飞雅角山下和自灵山的山脉过境之处。它东临土司"官道别墅"，西接禁果庄山寨，北近吊井树木，南接土司演兵选兵场"搏射坪"。昔日土司的花园如土家少女一样锁在深闺人未识，若你有幸揭开她的面纱，就会知道她的名字早已远播。

从"官屋场"平地的源头，沿着石板铺成的古道蜿蜒爬上山坳，再走下曲折的永大古道，就到了"花园坪"。这花园坪有十余亩面积。站在花园坪远眺对面，即是中寨，顺古道依次是水井湾、杜家寨、岩门塘。再越过一个自然山坡，就到了"花园坑"，再顺石板路登上自灵山主峰的山坳处，左右各有一座小山岗，似两扇大门。你如遇雨后的晴天早晨，站在坳边向前远眺那一望无际，如宽阔海洋的白雾，会使你心旷神怡，流连忘返。坳上微风吹拂，顿觉你浑身凉爽起来。当地人介绍，此处就是"花园门"。"花园门""花园坑""花园坪"土司时代统称"花园村"。昔日的"花园村"与老司城顺灵溪河下6千米的"龙潭城"平级，"龙潭城"撤废之后，就叫"弄塔村"，今日的"花园村"之名来源于明土司时代。

如今的"花园村"似乎在向人们提醒着它那遥远而又辉煌的过去。

据当地和老司城人传说，"花园坪""花园坑""花园门"

之名均源于土司王种花时的称呼，统称花园村。今花园村的7个自然山寨，住有田、向、彭、王、喻、杜、沈等姓，大都是过去花匠的后代。土司王来到湘西并在溪州老司城建都府，依靠的就是这些姓氏的毕兹卡人捧场，治理溪州、美化溪州环境，同时也需要这些姓氏的人们支持。传说，花园村的红色泥土适宜种植各类花草。据说花园村的种花护花有三种用途：一是为老司城土司王城和主要街道路口提供四季花种和移植花木；二是供土司时代人们游玩观赏；三是用于迎接湘、鄂、川、黔、渝等周边土司及省、郡、朝廷之人聚会游赏。

相传，土司王每办一件重要之事，总要派一名得力的大官带有多名舍把亲临现场指挥督促监管。那时在花园门坳上，修建有木门槛、石柱、石槽，后被人破坏了。在花园坪竖立有当时"花园落成石碑志"，石碑上刻有各寨头人和舍把、大官等管理人员的姓名和所辖范围。在花园坪附近的古道旁，还设有一官亭，供监管花园人员之用，改土归流时已被破坏。据说那时花园内四季鲜花不谢，有牡丹、藕莲花、芍药、石榴、梅花、山菊花、鸡冠花，还有桃、李、杏、白果花等。其颜色有红、黄、黑、白、青、蓝、紫等，每年春、夏、秋、冬四季百花盛开之时，溪州土司王携带妻妾、丫鬟侍女来花园品花、赏花。土司鼎盛时期，曾邀请广西、云南、贵州、四川、湖北、湖南、重庆等省市部分地区所督誓20州的大小官员千余人来花园村观赏。传说明正德元年（公元1506年）土司彭世麒代兄袭职，明正德五年（公元1510年），陕西汉中府号称"刮地王"的鄢本恕及自号"顺天王"的蓝廷瑞等叛乱，乌合十余万人，置48营，蔓延川陕，攻城杀吏。时洪钟尚书主管川陕军务,檄彭世麒,彭世麒率侄彭明辅斩获贼首冉总甲等首级三十余颗,贼众畏威逃遁。彭世麒与侄子明辅追至四川东乡县浪洋寺,蓝廷瑞计用美人,将女许配于彭世麒,彭世麒伪允,固与放期,蓝廷瑞、鄢本恕及王金珠等28人来赴婚期。彭世麒设置伏兵,生擒"刮地""顺天"二王,其余斩获无数,是役总制巡抚以捷闻,彭世麒为首功。朝廷召彭世麒进至朝宫,晋升昭武将军,赐夫人一品诰命。彭氏土司府设宴庆功一天;次天彭世麒带妻妾、丫鬟、侍丛及大将、旗长、峒长、舍把千余人顺灵溪河逆流而上,捕鱼一天,得鱼甚多,在今司柳门前的沙洲上同全体游人共煮鱼饮酒食之,在石壁上留下思垒与众同乐的石刻。第三天彭世麒又带千余人于花园村观花、品花。然后经龙洒湖、金鱼塘、太乙池(高峰湖)再到飞山河(猛洞河)(啄岩)赶仗,今日啄岩观猎台的石刻,也是彭世麒亲自所题。

据传,土司时代"花园村"栽培的四季花木名声远播。每逢全国举办花卉节,都得邀请土司王派一名总管和花园村的优秀护花、栽花员参加会议,每次都会受到组织者和有关部门的奖励、表彰。

光阴荏苒,沧海桑田,改土归流,势不可挡。"花园村"的官亭和四季鲜花树木,以及昔日的管理人员,早已成为历史,留给后人的只有肥沃的红色泥土和花园坪、花园坑、花园门的地名。

第十八节　王拨落洞

王拨落洞，得名于明代。

"王拨"即由土司王划拨，"落洞"即是土家语指称山间小块儿平地方或一方前后有高坎的土地最低处，也有人将两字倒序变成"洞落"。老司城行政村的司城小村原有周家、左街、正街、喻家（桐油枯）、瓦场、洞落6个小组。洞落这块方圆一里的小地方则由秦姓世代居住，直到20世纪70年代失火后迁移。洞落这块地方前有悬崖绝壁后有大山，人称"壁上挂鸡窝"。

王拨落洞原是今菜园下边，约只一亩多的一块土塆，再下边一台就是灵河高坎。这一亩多土地由明代土司划拨给向姓，因为向姓自腊惹洞时，就世袭洞民总管。来老司城后，仍世代辅佐土司。菜园坪和老司城附近的三座莲花山墓地，也都是土司划拨。

"落洞"还有个凄美的传说：一户人家生有美貌姑娘聪明伶俐，周边村民三番五次托媒人上门求婚。但姑娘的父母自视太高就是不肯应承，结果姑娘年龄老大竟然没能成婚。单身老姑娘最终失去理智，出走闺门变成洞神或树神，该村才得名"落洞"。

第十九节　插帽金花山

插帽金花山，名起于宋代。

插帽金花山之名应为南宋绍兴五年（1135年），第十一任溪州刺史彭福石冲在老司城兴城之时而命名。因彭氏都督府在内罗城，风水好。称后有三星山，即三星照耀，前有笔夹山、绣屏拱座能使江山久远；左有将军山，插帽金花山赐状元；右有锡帽山、玉笋山除凶杀保平安。灵溪河水从城的西北，经西绕南流出，三面临水，成了彭氏都督府衙的"玉带水"。"玉带水生财"，所以，彭氏土司在溪州统辖八百年。

插帽金花是过去新科状元头上的官戴，插帽金花山也就成了上苍为彭氏所赐，也属于老司城的风水美景，连"山""水"均是上天所赐。按旧风水学讲，西北是通往上苍的门，灵溪水等于是玉帝从天宫所赐，流入老司城。插帽金花山坐落在土司都督府前西南方向，东有泰平山、将军山，西有笔夹山、绣屏拱座，北有玉笋山、锡帽山与都府后方的三星山连成一座天然的城池，使彭氏土司世袭二十八代，出三十五位土司，历八百余年而不衰败。

第二十节　迎师坪

迎师坪，名起于唐代。

唐代，老司城在唐贞观年间，当地先民首领吴著冲的始祖统治老司城及溪州。唐玄奘西游之后的武则天时代，我国佛教发展极盛，影响至老司城。此时，道教、佛教在老司城盛行。吴著冲祖先，在大滩口河西建玉皇殿。今祖师殿上面的玉皇殿，是彭士愁长子师裕于北宋时代从河西撤迁至今祖师殿上面重建的。撤后的遗址处叫玉皇坪，文物部门发掘后认为有遗址。那时的观音阁建在观音阁遗址上方。观音阁，又称观音庙，是老司城十大寺庙之一。

唐代的观音阁香火十分旺盛，有僧尼十多人，在寺庙中有一尼姑姓左，人们称左和尚。那时，老司城人对僧尼统称"和尚"。左和尚到观音庙中修行，为人正直，性格温和又十分好学，深得师兄弟和方丈的器重，她16岁时，方丈圆寂，庙内的一切事务交给她。她像观音一样大慈大悲，救苦救难，得到老司城及溪州人民的颂扬。

左和尚92岁时，即唐代宗李豫宝应元年（762年）十月十五日，她将庙中事务交代给与她年龄相仿的和尚代管，给一位心爱的徒弟也交代清楚，就身披袈裟，手持禅杖背起链长袋，备齐路途用费出发了，去我国南海普陀山朝香取经。左和尚一天又一天，一年又一年，风餐露宿，她受到别人未曾受到的苦和累。凭着自己的决心和毅力，花三年时间到达南海普陀山敬香。普陀庵方丈赐左和尚经书：《菩萨经》《宝藏经》《金刚金》《本阁经》《五龙经》《决定经》《西天论经》《华严经》《法华经》《阿弥尼经》共十部三百卷。

因左和尚在普陀庵沐浴更衣，又喝了普陀庵神水，已经脱胎换骨，半人半仙了。十部三百卷经书和行李背起，都觉得一身轻，她只花了六个月就回到老司城观音阁。她出发时交代徒儿哪年庙前大白果（银杏）树开花，哪年就回来。终于，于唐代宗李豫大历元年（766年）四月中旬回来了。当天，观音阁十多位僧尼，排队迎接左和尚，她心爱的徒弟也围在大白果树下。当日午时，白果树开花了，小徒弟叫着："开花啦！"白果花像雪白的棉花一样绽放。接着徒儿叫道："师傅回来了！回来了！"边跑边喊，去迎接师傅，奔跑至去观音阁路上插帽金花山下一个坪地时，接到了左和尚，这个土坪，从此叫迎师坪。

第二十一节　绣屏拱座

绣屏拱座，名起于明代。

《永顺县志》"民国"十九年，地理志载："六峰拱抱如城。"《乾隆通志》载："在旧司治前"（府志）。

相传，很久很久以前，绣屏山顶草木不生，一片焦土。直到七仙女下凡，与董永成婚，百日期内在付员外家做工，付员外一夜间要七仙女织出十匹锦绢。天上六姐妹下凡相助时，经南天门腾云至老司城上空，发现绣屏山怪异，放射万道霞光，六姊妹按落云头，分六处站立。唯恐凡人识破天机，六仙女各拾起一把泥土，向皆山顶四处撒去。六仙女腾云离去，霎时，霞光熄灭，出现六个小山峰，成了五个半边月亮形的弯道，同时全山生长出与四周相同的树木花草。但这绣屏山上的树木花草同天宫一样，三千年长一寸，三万年长一尺。因此，今绣屏山上的树木花草矮小。

绣屏拱座在"万马归朝"群山中，是玲珑、秀丽的一座山。故明代王司衙署流官周惠畴游此赋诗赞云：

　　堆青叠翠万千重，秀拔庐山五老峰。
　　海上屏开金翡翠，屋西帘卷玉芙蓉。
　　竹林月漾筛花影，松径苔深印鹤踪。
　　闻道山都风景异，何由缩地一相从。

还有明代文澍，明成化二年（1466年）登进士，去四川重庆府，路过老司城，为绣屏山赋诗云：

五老峰前锦绣峰，天风吹落灵溪口。
由来造化妙莫测，能使山川自奔走。
光风转蕙万木荣，百花摇映溪水明。
幽人凭几看不厌，隔秋黄鸟时嘤嘤。

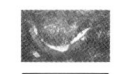

第二十二节　玉笋山

玉笋山，名起于明代。

玉笋山，在老司城的西北边，像春夏初生的竹笋向天空延伸，美不胜收，该山坐落在利福后山。《永顺县志》载："老司城十景所谓玉笋参天者即此。"

老司城的山水美景，在历代文人眼中，不下桂林。但他们又不能僭越宋代文人"桂林山水甲天下"名句，只好赋诗赞云。明代土司衙署流官张明赋诗赞云：

> 谁植筤竿在太空，巍然屹立倚崆峒。
> 铁椎倒棹撑云汉，冰柱移来插玉峰。
> 贞固肯教风雨坏，侵凌不许藓苔封。
> 圣朝久托为栋梁，万古擎天永赖功。

第二十三节　板　桥

板桥，名起于明代。

板桥地名起于明代鼎盛时期的正德年间。板桥，没有桥。只是一块约3亩的坪地。板桥上有一百多米的悬崖，是土司官道去响塘、射圃、洛塔坪、河沟里别墅（壶窝别墅）、吊井别墅、颗砂等地的交通要道。因悬崖无路，只得从石壁下踩水通过。遇洪水时，行人只好转回老司城住宿。春、夏、秋季节踩水还可以，冬腊月路过此处，行人真冷得可怜。传说，有一天，天上神仙看见过路行人踩着刺骨冰水的痛苦情景，便起了怜慈之心，为方便路过行人，在悬崖打眼架起石桥。当时，因遇特大洪水，石桥未架成功，故鲁班又用木板架桥。架桥时将很多木板放在神仙打眼下面3亩多坪里。鲁班用厚木板架桥成功方便了行人。过了几年，木板桥又被特大洪水冲垮，木板也被冲走只剩下存放木板的3亩多土坪没有冲走。人们为了纪念鲁班，将这3亩多土坪取名"板桥"，板桥地名流传至今。

第二十四节　神仙打眼

神仙打眼，名起于明代。

明代鼎盛时期，顺灵河而上是去吊井、颗砂、永顺（猛洞坪）方向的官道，行人络绎不绝，土司官兵经常要过此处，此处是一岩石绝壁。平时，徒步涉水还好，若遇洪水或冬天，路过行人苦不堪言。据说，有一年冬天，几位神仙从自生桥神仙洞府出来，察看老司城的繁华山城。路过此处，见过往行人的苦处，就动了怜悯之心，决心在此修建石桥。神仙叫来常住上苍的神仙下凡帮忙，几十名神仙分了工。有的在悬崖上打眼，有的搬运石头，有的用石头架设桥磴。神仙头目派自己的小徒弟去守鸡叫，鸡一叫神仙们就要归洞府，天上的神仙就要返回天庭。

各位神仙都高高兴兴，欢快地工作着，蹲在河边守鸡叫的小徒弟却熬不住了。冬天又冷又黑，灵溪河夜风又刮起来了，小徒弟在那里等得不耐烦，便学起了公鸡叫，这一叫可好，把对岸碧花庄上的鸡都逗叫了，神仙们只得匆忙收拾工具有的返回洞府，有的上天庭了。神仙们在匆忙中为后人留下三件宝物：一是那顺数、逆数也数不清的方孔；二是赋诗一首刻于石壁；三是弄沉了金船一艘沉于灵溪河潭底。

后人传说，只要具备仁慈之心，通过顺数、逆数数清楚方孔"眼"，并将诗篇一气呵成读完，将会得到金船一艘。不久的一天，一位仁慈的老教书先生来到此地，顺数、逆数数清方孔"眼"的数目，又去念诗，只见灵溪河水突然涌动，诗念一半之时，只见金船已露出船头，金光闪闪，只是船尾还在水中。念到最后之时，教书先生对其中一字不识，在此停住，见到露出的金船又沉于河底。至此，再也无人见到金船。

神仙没将桥修成，这事让鲁班知道了，鲁班决定架上一座板板桥。每当河水涨时，板板桥也涨，如同水涨船高一样。鲁班修桥方便了过路行人，后人为纪念鲁班，就留下了一首顺口溜，至今人们还记得：

> 神仙打眼半山腰，为民修石桥。
> 徒弟怕冷学鸡叫，神仙归府了。
> 仙人打眼虽然高，不及鲁班板板桥。

不久，板板桥也被洪水冲走了，只剩下放木板的两三亩土坪，人们为纪念鲁班，将几亩多土坪取名"板桥"，板桥地名一直流传至今。

第二十五节　舟散坪

舟散坪，名起于明代。

舟散坪在偏岩下边，大滩口的东边，总面积约 10 亩左右，长满茂密柳树和其他杂树，该地名来源于明鼎盛时代。

明代溪州及湘西是太平盛世。彭氏土司政治、经济、军事、文化等得到发展，土家、苗、汉各族先民和谐共处。据说，土司王府造有百余只小木船，百只军训船只。从老司城到自生桥，沿灵溪河家家户户又造有一只捕鱼船，运输和捕鱼共用，加上土司王府的船只就有数百只上千只了。据说，某一年半夜遇特大洪水，从自生桥而下，大多数人家和土司王府的船半夜被洪水冲散，流散在大滩口东边，被树枝或棘刺藤绞缠在树干上，数百只小舟散缠在这个坪里，后人将此坪取名舟散坪，舟散坪地名流传至今。

第二十六节　天马山

天马山，名起于明代。

《永顺府志》、土司《宣慰司志》记载：在永顺县城东南 16.5 千米，"天马山昂首平背如马耸立。"

天马山在老司城南边，此山，是插帽金花山延伸下来的一支山脉，一直延伸至灵溪河边。天马山边有一个湾叫龙朝湾，山的下边是灵溪河一个较深的回旋潭，人们称"龙朝湾潭"。

传说，土司不知是哪一代，土司王不受百姓拥戴，推行初夜权，害得男大不能婚，女大不敢嫁。有的已成婚的男女只好远离他乡，不敢归家。又说，这个土司王生下来时就鼻梁上生有一红痣，人长痣长。当他当土司王时，痣痒了就要杀一人，抓痛了又要杀一人。这还不算，还说在天寒地冻的冬天，他把银子抛撒至龙朝湾潭里，叫城内外一些十七八岁的年轻男子入水去摸银子，并说哪个没有摸得上岸就要被杀死。年轻男子们只好拼命入深潭去摸，结果摸得的、未摸得的统统被杀死。所以这天马昂首平背向东似欲腾飞一般，眼睛鼓着恨这个土司王。

老司城十八景诗的开头第一句，就是"南乘天马过灵溪"，十八景诗就是每一句一个景点，这开头一句就是指天马山，"天马山"就是一景。

第二十七节　七七里遗址

七七里遗址，名起于宋代，又称"神秘隐语"。

七七里遗址，在今松柏古道下一段，也就是过去叫偏岩的末段。土司时代，老司城佛教、道教、当地原始崇拜盛行。10平方千米的老司城境内道路边都建有土地堂。七七里土地堂内供奉有土地公公和土地婆婆神像。土地堂边有："上七里、下七里，金银就在七七里"隐语刻字，还注明有："如谁人能识破天机，要二十四颗人头落地。"老司城内外乡民路过此地，也时有外地游人到此，谁不想发财？老司城又有传说："大坳对小坳，金银十八窖，窖窖十八斤、斤斤十八两。"引起人们在七七里下、七七里上的地方挖土找金银，无人挖得。人们就说，天财地宝（窖）要积德，从善有识之士才能识破得财。又说，清代的某一年，泸溪浦市有一位有才有德有文化且积善的商人，该人过去做过漆匠。但漆匠未做了，挑一担生铁锅穿乡出售，来到老司城七七里土地堂前放下挑担休息。这位商客仔细琢磨："上七里，下七里，金银就在七七里"这副楹联。

这位商人，放弃锅不要了，将一对神像一头放一个，挑回家中发财了。原来一对神像是金子的，外面用土漆染着，他将"七"字认成"漆"字。关于"二十四颗人头落地"，他取神像之前，在土地堂前跪下磕头24次，即24颗人头落地了。因此，老司城吴著冲数代，彭氏八百年的治理，金银十八窖算什么。只要有才、有德、积善之人就能识破天机（隐语），就会发财。如今老司城申遗成功，欢迎天下有识之士来老司城挖窖找金银吧！

第二十八节　瓦　场

瓦场，名起于明代嘉靖年间。

老司城从明洪武六年（1373年），大规模建设都督府，包括彭氏家属住所（生活区）都需要砖瓦。老司城核心就有祖师殿上面的瓦棚湾，祖师殿对岸的瓦场河坪，白砂溪附近的五谷庙，青岗包等烧瓦瓦场。明代嘉靖年间，因彭翼南祖父彭明辅父亲彭宗舜三代人给北京修故宫运送楠木服从征调，平叛、抗倭获"东南战功第一"称号，受到朝廷奖赏，彭翼南升参政，升昭毅将军，又升云南右布政使等。彭氏家族及彭翼南本人认为，这些功绩的得来是上苍的帮助与恩赐，溪州人民的拥戴。为回报上苍和溪州人民，嘉靖年间曾大修寺庙三年。所以，将烧瓦的瓦场从城中扩至城外，即瓦场小组的瓦场，白砂溪边的平逢山等处。这样，对当时平民百姓中多数能盖上瓦房起到作用，受到百姓的欢迎。土司时代的瓦场、瓦窑一直沿用至今。

第二十九节　空心桥

空心桥，名起于唐代。

空心桥，实际没有桥，是一条像几字一样的古道。好比我国黄河几字湾一样。过去去祖师殿，空心桥是必经之路，过风雨桥，顺游道走至约300米处石桥边，靠左上百余米处横过山沟，再往下走百余米，即到了今游道处，这个地方就叫空心桥，实际没有桥。现在的游道未经过空心桥老路，直接架石桥跨山沟，上十几步阶梯即到了松柏古道。老司城从2002年重修祖师殿游道之后，就没有空心桥了，但"空心桥"遗址还在，空心桥之名村民也没有遗忘，现今老司城非遗传承人仍记忆犹新。

第三十节 竹　　桥

竹桥，名起于明代。

竹桥在周家、魏家码头下约200米的灵溪河东，大岩堡下边，舟散坪上面，即松柏古道下边不足200米的一处灵溪河水面，实际上没有桥。因为彭氏土司从二十二世彭世麒明弘治年（1492年），至明嘉靖三十四年（1554年）彭翼南任职，这几十年内，服从明廷平叛抗倭，运送楠木入京功勋卓著，此时溪州又风调雨顺，五谷丰登。土司王经常上山赶仗打猎，或下河捉鱼。提倡上山赶仗（赶肉），见者有份；下河捉鱼与百姓平分。土司王为方便百姓捉鱼，在大岩包下面至舟散坪一百多米水面，用桂竹穿子扎成竹排，十根八根为一排，排与排相连接，即变成竹桥。然后用大绳索拴在大岩包石缝里。捕鱼者可从大岩包直接走到舟散坪，在竹桥上又可向外、向内捉鱼，受到百姓欢迎。从此，这段水面叫"竹桥"。传说一次特大洪水，将竹排拴绳绞断，竹桥全部冲散，经大滩口向南流去。之后，土司王又构大竹连排重搭水面浮桥，直到清雍正二年（1724年），彭肇槐将治所迁颗砂，竹桥又被洪水冲走。老司城人们依传统仍将此水面叫"竹桥"，竹桥地名流传至今。

第三十一节　周家码头

周家码头，名起于明代。

周家码头，实际是居住在东门坳和东门外的周姓、魏姓共同的码头（土司时代还有张姓、宋姓、陈姓等）。此码头在风雨桥下天马山对面灵溪河东300米处，主要用于周、魏两姓人家挑水、洗衣和从灵溪河上、下运送物资。居住在老司城的近20姓人家，自古饮水、用水都是下灵溪河挑。同组的朱姓有朱家码头，左街的向姓、陈姓、肖、秦、许等姓氏挑水、用水在南门码头；原正街居住的付姓、李姓、彭姓饮水、用水下纸棚码头；正街西头住的陈姓、谢姓、王姓等到舟启栈滩口挑水；河西郑姓到灵溪河码头即老司城码头或官用水井外边挑水；喻家堡向姓、喻姓饮水、用水下跑马坪码头。至1980年之后，老司城灵溪两岸村民在村干部的领导下，才从高山山洞引水进户。申遗后管理处领导关心村民民生工程，饮水、用电、排污、民厕、户间道等项目改造完毕。村民文化生活也得到改善，看电视同永顺县城居民同价，并且还有优惠。重要街巷还安装了路灯，现在用水、饮水方便，可直接在家享用，这是申遗带来的好处。

第三十二节 瓦棚垱

瓦棚垱，名起于明代。

瓦棚垱在今祖师殿右侧的一个土垱里，有遗址。瓦棚不存，瓦窑还在，是明代嘉靖年间，彭翼南重建祖师殿和修缮十大寺庙时烧瓦的瓦窑。因瓦窑在这个垱里，人们就将过去土司烧制瓦片的瓦窑处，称为瓦棚垱。若当时瓦窑在坪地里，就取名×××坪。如：祖师殿对面的灵溪河西有一块十多亩平地，也是彭翼南修缮寺庙时烧制砖瓦的地方，今人们称为"瓦场河坪"。

第三十三节　缱子垱

缱子垱，名起于唐代。

"缱"字之意是情意缠绵，难舍难分。唐代的武则天（691年）在老司城设灵县，后又设灵溪郡。在县府、郡府里出生的儿女，男青年未婚女子未嫁的，死后埋葬在缱子垱，他（她）们的父母难舍难分，悲痛万分，亲送至缱子垱埋葬时难以离开，所以后人称此处为缱子垱。

过去，未成家的男、女死后不能在祖墓地下葬，未满60岁的男人妇女逝世后，也不能在祖墓地下葬。

老司城向盛福在2008年撰写《土司王朝》时，采访了一位1980年在老司城盗墓的人。县公安局来老司城破案，其中有一人就曾在缱子垱盗过墓。盗墓者说，在缱子湾挖得一朵牡丹花，此牡丹花由三十几颗红、绿、黄、紫、白、蓝等不同颜色的玉珠组成，玉珠空心，以金丝线从玉珠中穿连，三十多颗连成一朵，像即将盛开的牡丹花，犹如我国戏剧舞台上的宫廷公主、小姐头戴的牡丹一般美丽。当时，这位盗墓者拿起珍珠不识宝，陈香当作烂柴烧。他将三十几颗玉珠捶烂，仅留金丝部分到银行出售，收得现金5000元，按现在价值可达2万元左右。

这朵由金、玉组成的牡丹花，虽然比不上北方出土的汉王刘胜与刘胜窦绾夫人、长沙马王堆出土的汉代金缕玉衣、四川三星堆出土的文物价值珍贵，但还是能说明早在唐代我国就已经达到的制金、镶玉水平，也说明唐代老司城就与中原文化有联系，与唐代都城西安、洛阳有关联。

为何断定这朵出土的牡丹花主人是一位少女呢？因这座墓没有墓室圈岩，只有一堆泥土淹埋；且有一木匣，木匣是最珍贵的梓木厚板做成的，所以断定是富裕人家或吴著冲及祖辈的女孩死后葬于此处。

第三十四节　撒网石

撒网石，得名于明代。

老司城民间流传的"十八景诗"的作者不详，时间也没有传承下来。从"十八景诗"的内容看，作者对老司城的山水美景观察仔细，他从远至近，山水相连，以神秘神话加写实的妙笔书写。如：第一、二句"南乘天马过灵溪""偶遇渔翁撒网石"。何人乘天马呢？何人在撒网？没有，这就神秘，其意就是叫天马你看一看老司城繁华的山城。实的确实有，即"天马山"。"渔翁"在哪里？没有，其意指渔翁在灵溪东岸躲藏着，"撒网石"在哪里？确实有，撒网石在灵溪河里，其岩石像已经撒开的网，黄色，网里还有两条黄色的鲤鱼，这是实的。例如："十八景诗"第三句"银板仙人舟莫渡"，第四句"石桥石鼓实难移"。其意，银板仙人（观音阁后面的白岩山）舟莫渡，作者将这座白色如银的山比作仙人，"石桥石鼓实难移"。作者叫银板仙人不要乘舟过灵溪河看老司城繁华的山城，而是叫银板仙人去自生桥过石桥或从石鼓上跳过灵溪河去看老司城繁华的山城！这个意是虚的，但作者叫仙人从石桥、石鼓而过却又是实的，因为老司城确实有石桥石鼓。

第三十五节　万马归朝

万马归朝，名起于南宋。

南宋绍兴五年（1135年），溪州刺史彭福石冲撤会溪坪治所，废龙潭城，在老司城（福石城）兴城。此举措受到溪州境内和彭氏家族中的有识之士赞誉，认为彭福石冲有胆有识，有远见和智慧。传说，"万马归朝"地名就是在彭福石冲执政期间命名而流传至今的。

万马归朝最高处叫"岩子土大堡"，高出海平面830米，游人站在岩子土大堡高处观看万马归朝群山一览无余。从西向东南依次排列着的大坳、小坳、尖山，一排排，一层层，成群结队地向东南即老司城方向奔驰，犹如万马奔腾似的。群山中的泰平山在老司城东落下，南有银板仙人山、插帽金花山，北有玉笋参天、锡帽山，西有绣屏拱座，方圆5平方千米围成一座天然城池——老司城。中间一条灵溪河从城的西北向南流出。在泰平山以东一支山脉延伸有福石山、禄德山、寿德山，统称三星山。三星山接着一只像腾飞即落的凤凰，这座凤凰山腰下即是彭氏的溪州督誓二十州的府衙所在地。

《永顺县志·卷三》地理三载："按亚洲五大山系皆起源于帕米尔高原，向东一支为昆仑山，其附近曰西藏高原，蜿蜒数千里出打箭炉入四川，耸起峨眉高峰，折南至八面山为川湖交界地……"即成武陵山脉。

万马归朝山脉发源于武陵山脉中支黑山山脉，绵延不断地

从西北向东南经永龙山界、永龙永桑山脉的酉水、澧水上游到达古溪州境内。

永顺古为溪州，溪州位于武陵山区的西北部，湘西土家族苗族自治州首府吉首的东北部。西北与湖北来凤和湖南桑植接界，西与花垣相近，古溪州大部分属永顺县管辖。万马归朝中的老司城距永顺县20千米，是古溪州的中心地段，有上溪州（今龙山），中溪州（今永顺县），下溪州（会溪坪，今古丈一带）。属内有五十八旗，三百八十峒居民。宋代前还督誓二十州。

万马归朝有"一夫当关，万夫莫开"之说。东有：花垣村、飞霞关、壶窝别墅；西有：金银塘关卡、别些搪关卡。万马归朝统属高峰山界。前有掩蔽的灵溪河，后有看不见的猛峒河。群山中山沟、小溪、山泉水处处可见。故万马归朝处是春、夏雨后晴天观日出的最佳地方。雨后晴天的辰时，游人站在岩子土大堡向东瞧，万马归朝群山不见了，见到的是一片白茫茫的雾，像匠人弹过的雪白的棉花将万马归朝大地铺得满满的，又像白色的海洋。这时游人向东瞧，天边火红的太阳逐渐升起，游人等着吧！慢慢地从白雾中露出山头，再等等吧！就在你身边的大地青草绿油油，花儿红彤彤，似少女一样可爱，令人不酒而醉。春、夏时节，在夕阳照射下，云和浪像火一样的红，但不会热，因有阵阵凉风吹拂不停。入秋，这里是一场秋雨一场寒，人们可享受到初来的寒冷。入冬，万马归朝风光特别，青松变成银树；宽阔的红砂坪（又称凤下坪）绿草地，即变成了天然的溜冰场；岩子土大堡5.8米宽的几条游道，即变成高山滑雪道。公路坎下的大片竹山，即变成浩瀚银竹海。

如今，万马归朝立有"五溪巨镇"牌坊，即六柱五门，中间三门中巴车可通行（大巴车走中间），两侧供摩托车和单车通行。陈设有"一本书《永顺宣慰司志》读懂老司城"模型。雕刻有后晋天福五年（940年）《复溪州铜柱记》文，即一柱定天下，平安八百载。还有明嘉靖三十四年（1555年）彭翼南、彭荩臣抗倭在王江泾大捷的模型；在岩子土大堡建有50多座"星空帐篷"。"星空帐篷"内具有住宿、娱乐、早晨观日出、夜晚看月亮观星星的一条龙服务，是夫妻及孩子们一家休闲度假的好去处。

万马归朝还建有会议厅，接待站。境内条条游道植有珍贵的桂花树、紫荆花、紫薇花树等四季常开的各类鲜花，建有一口（0.8亩）荷花池塘。

今日万马归朝景点，还建有"宣慰使司官邸""峒主衙署"，年可接待中外游客50万人次。

第三十六节　响搪和六代湾

响搪和六代湾，名起于宋代。

响搪是从北进老司城的官道关卡，由王姓人世代驻守。是南宋绍兴五年（1135年）彭福石冲在老司城兴城兴建的官道和关卡。

王姓最早辅佐彭氏是从唐末李枞年间到后梁开平年间，彭瑊、彭士愁父子消灭吴著冲起至彭福石冲在老司城兴城，再到改土归流止，响搪王姓人效忠彭氏土司八百余载。老司城顺官道北出城要经：响搪、羊叉枯、射圃、新居湾、洛塔坪、何家湾、斑竹园、自生桥（正北路）、河沟里（西北路）别墅到猛峒别墅。从自生桥正北路，可去永顺塔卧、官坝，到桑植县；西北路可去万坪、八望坡、汝池河到龙山，再去湖北来凤。因此，响搪关卡在土司时代十分重要。

六代湾，又名六代堡和六代山。六代湾坐落在响搪王姓大寨对面，即灵溪河坎上。据响搪王姓、射辅向姓世代传说，六代湾是第六代土司死后墓葬地，其墓室较大，修造精致。据老司城向姓、郑姓等传说，"民国"初年，六代湾彭氏土司之祖墓被盗，出土过一条玉带，金银首饰不详。

2015年老司城申遗前，笔者同永顺县文物局雷家森副局长在六代湾勘查过，确实墓室较宏大，墓前围墙呈八字形一直延伸到灵溪河边坎上，推测该墓不是一般贫民之墓。笔者认为，响搪、射圃村民的传说代数有误，传说中的六代应为八代才是正确的，六代加上始祖彭瑊、彭士愁就对了。

响搪和六代湾均属老司城文化的组成部分，要保护和利用好。

第三十七节　司柳口

司柳口，名起于明代。

司柳口距射圃1千米，距老司城3.5千米，在老司城的东北方向。

在此，要从司柳说起，司柳是一个偏僻的土家山寨，东南西北全是大山，中间一条山沟，山沟两边住有彭、罗二姓，土司时代有30多户，百余人口。当时田少，但土肥沃，面积大，苞谷、小谷、高粱、杂豆等年年丰收，吃用有余，还可上市出售，笔者幼年去过司柳彭姓外婆家。

从老司城去司柳要经过：响搪、羊叉枯，再过灵溪河上"巴列坡"（土家语，路名），全程3.5千米到司柳彭、罗二姓大寨，"巴列坡"即是"司柳口"。居住在这里的彭姓是彭氏土司的宗亲，据传说又是同"房派"。罗姓人家世代辅佐彭氏土司，老司城彭氏府衙中罗姓人做官从未间断过，彭、罗二姓为彭氏土司效忠八百余载，与彭氏土司关系十分密切。

司柳口，即是巴列坡口，在灵溪河坎上。明清时代，灵溪河（司柳口下）边还修建有一棚石水碾坊，这棚水碾坊供司柳、新居湾、羊叉枯、射圃等地居民碾米。石碾可碾稻谷、小谷、糁子、高粱、老麦等。当时最多的是小谷，腊月年关家家户户要把小谷碾成米打年粑，水碾房腊月是最繁忙季节。

明嘉靖年间，彭氏第二十五世土司彭翼南与明廷关系十分密切，明内阁首辅徐阶的门生常来老司城游玩。如司柳口

对面灵溪河西石壁刻有："嘉靖乙丑季夏，予款内阁大学士徐门下锦衣仝云洲、吕松泉、庠士杜太行，携宗族人等偕游于此，……北江记。"

明嘉靖乙丑，即嘉靖四十四年（1565年），永顺宣慰使司彭翼南陪同朝廷徐阶门生锦衣卫的官员宗族人等，加上司柳、射圃、羊叉枯、老司城各姓氏中捕鱼能手，共数百人到司柳口灵溪河捕鱼，石壁上还刻有"得鱼很多"字样。

如今，老司城成为世界文化遗产，"土司"一词成为过去，成为历史，但土司彭翼南留下的文化还在。石水碾被洪水冲坏，遗址还在，"巴列坡"路名还在，路还在，被替代的是"司柳口"瀑布，也叫"巴列坡瀑布"供世人观赏。

注：①徐，即徐阶（1503—1583年），字子升，号少湖，又号存斋，松江府华亭县人（今上海松江区）。嘉靖二年（1523年）以探花及第，授翰林院编修。后又擢为浙江按察佥事，进江西按察副使，并主浙、闽二省学政。皇太出阁，擢为国子监祭酒。后又进礼部尚书兼文渊阁大学士，参与朝廷机要大事。

②锦衣，指锦衣卫的官员。

③庠士，指学生员。明清时又是秀才的别称。

④北江，即彭翼南，永顺宣慰使，字靖卿，号北江。

第十二章
远　　郊

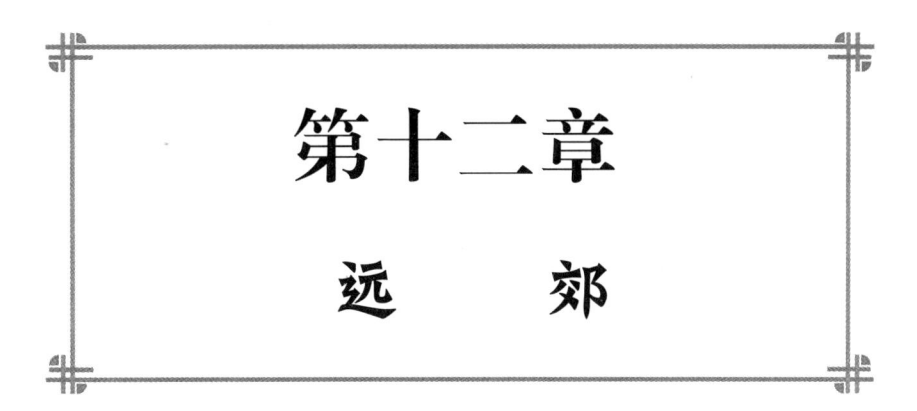

第一节　水坝洞

水坝洞，兴于汉代。

新中国文物部门曾在今酉水流域的保靖县拔茅乡水坝村发现八部大王庙残碑记载："首八洞历汉、晋、六朝、唐、五代、宋、元、明为楚南上游……故讳八部者，盖以咸镇八洞，一洞为一部落。"这段铭文记录了湘西溪州八部（八洞）大王源起和传承经历。

保靖唐末属溪州（大多），县名"三亭"。彭士愁任上，其长子师裕为溪州副使兼三亭县令，掌管一百二十洞土苗居民并于后周显德年（956年）继任。彭与马楚立铜柱盟誓后，改三亭为保靖，改大乡为永顺。保靖之名从此立。保靖水坝村地名，应与"首八洞"有关。当时是其中一洞，后来是史载八洞之一。笔者为此走访过水坝洞、碗米坡、普戎等处土家和苗族居民。普绒镇退休教师彭运厚老人（1925年生）论说："今普戎大姓贾、彭、田、向、麻等都是土家族。彭氏祖先天元后代五兄弟，出自来凤县百福司（卯洞）迁到保靖泽碧、普绒、享章、龙溪、老寨等地定居……"

湘西土家民间《摆手歌》虽有八洞八部大王记载，但到唐末八部首领已经减员。彭氏征灭取代者仅剩吴著冲、春巴冲、惹巴冲三位。所幸彭氏统治溪州八百余载，仍将水坝洞地名传承至今。

第二节　马蹄寨

马蹄寨，兴于唐末。

马蹄寨今属龙山县管辖。今老司城七旬以上老人，多数还曾赶过马蹄寨的集场。

公元907年，彭氏父子带楚军在伴湖大战吴著冲、惹巴冲，蛮兵大伤元气。吴着冲带伤残蛮兵二千余名逃至农车、马蹄寨附近马驻岭、印家坡和汝池河一带深山密林躲藏。彭楚军兵万余追至，三四百匹运输骡马将小寨地面踩得蹄印密布，小寨由此改称今名。

传说，彭瑊、彭士愁父子率大兵驻扎屯兵马蹄寨一月有零，其间采取软硬兼施的手段。因银钱充足，以金钱收买当地土民欺诱龙山惹巴冲、春巴冲及蛮兵，不要执迷不悟跟随吴著冲与楚兵作对，一方面继续以大兵围困吴残兵。一月后，吴著冲及残部后来乘夜晚逃出重围至红岩溪，正遇彭瑊联系上的来凤漫水向柏林率兵至此，彭、向联军合力追赶吴著冲到龙山洛塔山界的吴王亭，这时吴部下蛮兵大部分弃戈投明，部分战死，彭士愁亲自将吴著冲剿灭于吴王亭石洞。溪州土著首领八部大王至此由江西彭氏取代。彭瑊为酬谢漫水向柏林，特将洛塔界地拨给向氏。至今漫水向柏林后裔仍居洛塔街，马蹄寨地名也传承了下来。

第三节 九龙蹬

九龙蹬，五代得名，有民间传说如下。

向宗彦原籍江西南昌府丰城县铁树宫粟木村向家巷。五代后晋石敬瑭天福四年（公元939年），湖南湘西土司彭士愁声势浩大，晋王怕土司夺了江山，四门出榜招贤纳将。宗彦闻听，辞别祖地启程前往，路遇张榜钦差奏明圣上。晋王大喜召进京城，择吉日召文武大臣同往教场观看演武。晋王见向宗彦武艺非凡，命他辅佐元帅马希范、副帅兼先锋刘勍，分三路合击镇溪坪大破蛮兵。兵至会溪坪扎营后，前锋报来彭士愁败绩，愿向朝廷归顺。

俗话说不打不相识。彭士愁也是亲见向宗彦文武全才难得，愿罢兵求和，结成好友合力共谋溪州平安发展。双方选择吉日吉时，组成彭、王、张、向、田、覃等十八人议和团队，决议休战结盟。双方议定立铜柱为界：铜柱以上山地仍归土王管治，以下归朝廷委派向宗彦代管。双方将议和缘由、条件和功臣镌刻于铜柱。其第三十九行镌载："武安军节度衙前兵马使，前溪州左厢都押衙银清光禄大夫，检校太子兵客兼御史大夫上柱国向宗彦。"向宗彦定居辰州莲花池岩楼门，宗亲向宗高、向宗桢随即迁入。

晋王眼看平蛮获胜国事安泰，开始担忧向宗彦有龙虎排衙之命，万夫不当之勇且精通兵法韬略，怕他日久生变，便假托庆功招向单骑京城，赐予金牌元帅尊称向大官人，暗中却赐下

鸩毒御酒。向宗彦返程至江边白马渡口，兴奋中喝下御酒暴死沉江。马通人性归家报信，家人循迹来将军落水处寻捞尸体归葬黑幕岗。战马从此哀嘶不食，碰死墓侧变成石相生遗迹尚存。

晋王害死宗彦又派人察看墓地，但见龙形虎穴石马石人掩映于青山秀水实乃仙境，更怕向家再出能人，派员前往挖断地气龙脉。不想昼挖夜合七天七夜，最后施法用铜钉钉住山脉龙颈。事后钉铜钉处流出三年血水汇集曲绕染红河湾，后人称此血水潭。

湘西土家人称向宗彦向老官人并演义出离奇故事。话说会溪坪附近有高山，四周悬崖峭壁，通山顶仅有一线窄路。八部蛮王就住在山顶九龙厅。

传说九龙厅金碧辉煌，气派堪比京城金銮殿。它有九千九百九十九根柱头落地，有三千三百六十六间厅堂。大门厅堂有九根金柱，上有九条金龙张牙舞爪望天攀缘。蛮王本领高强，还统率着蛮酋三百八十峒，他常跟蛮民下河捉鱼上山赶仗（打猎）且严守民俗"上山赶仗所得平分，见肉者有份"，各地舍把头人峒长每年一趟上九龙厅朝拜。

京城晋王得讯生出歹意，暗想这蛮王住"九龙厅"不知天高地厚恐有异志，就派礼部尚书带翰林院士前去巡视打探并在行前暗做交代。礼部一班人来到蛮区，蛮王以礼相待，委派向官人迎至大客厅。礼部人早知向官人能言善辩，又见他一表人才气度非凡，于是就按晋王意图挑拨说："晋王邀你入宫做一品当朝宰相，你又何苦在荒山卖命，死守八蛮之地受穷？"向官人笑说："我家不算穷，还有千根柱头落地，风扫地月点灯，

狗拉弓猪弹琴，老鼠子半夜读五经。"

礼部翰林官闻言惊愕，忙问"你有多大家当？"向官人答："也不算大，只有八十人拾柴，七十人挑水，六十人煮饭，九只洋船下河，在老鹰滩打去一只。剩下八只供不起油盐小菜。"

礼部翰林官暗算：这可比皇族和满朝文武还阔，忙问"你家那多人，仓库要多大呢？"向官人接口："仓库大小弄不清楚，只知九曲黄河我出银开，天上桫椤我家卖，牛尾将军锁门来，千仓万仓在家宅。"京城差官听后心惊，认为向官人如此富豪，那蛮王更是了得，八蛮之地不好撼动，须得回京再设他法。于是起身，也没看到九根金柱九条金龙大厅。蛮王要向官人依礼相送钦差返京。

其实向官人所讲全是民间夸口大话：千根柱头下地就是茅草盖顶，千根柱子落地就是竹竿屋墙。风扫地月点灯，就是说屋子千通万漏实在是穷，且狗瘦如弓老鼠饿得乱叫。第二次答话是说八十岁人还要打柴，七十岁人还要挑水，六十岁人还要煮饭。油盐钱全靠九只鸭子生蛋卖钱。老鹰滩打去一只后，家里油盐都难维持。第三次答话是说家里穷得没法儿，只有用锄头上高山挖蕨打葛或下河捉鱼捞虾来维持生活。

京城一班差官认为，不除向官人难灭九龙厅蛮王。便回京给晋王献计，下旨召向官人单骑进京授封赐酒毒死。

但溪州蛮民仍喜欢向官人说话幽默，把他的故事传遍八蛮之地，土家族人尊称向官人为向老官人。

第四节 颗　　砂

颗砂，兴于明代。

永顺《彭氏土司稽勋录》载："彭世麒字天祥，彭显英长子，弘治五年（1492年）三月任职……彭世麒在任16载，并致仕以来所向克捷，茂著多功疏靖气体，修建颗砂行署，聘延永定卫樊使公子樊珍，朝文讨论建祠修学崇礼尚贤，请凡制度焕然一新……"

彭世麒在任时还修建了颗砂行墅、彭氏祠堂和学校。《彭氏族谱》同时有记：其弟彭世麟字国祯，显英次子。先是长兄彭世麒莅位，彭世麟代兄奉征讨屡建勋劳……十一年彭世麟致仕恬退之余，常怀养育之恩为母求寿，因于颗砂行署之东修建佛阁一座，名曰蟠桃庵。

颗砂明代以前历史待考。目前仅知明万历颗砂行署河畔悬崖石壁刻有"松云潭"三个大字，签署"万历丁亥年游于此。自戊子来每年间游乐。乙未以来岁无闲月。丙午以来同庆祖寿。舜并男宣慰翼南；福梅、福瑞诸姬重游于此，因以记之。"

清雍正二年（1724年），彭肇槐在颗砂的新司城建有缩版衙署：前街一百余米，后街二百米，修有凉洞热洞、钓鱼台、鹅池田、鸭池田、人造九曲河、九拱桥。还有金壶井、松云潭、浮雕花砖窑地等。这处新司城遗址后由颗砂镇政府利用。

第五节　南渭州列夕祉草

南渭州列夕祉草，名起于宋代。

南渭州属永顺三州之一（南渭州、上溪州、施溶州）。南渭州祉草即是南渭州衙署所在地。

彭氏第三十四任土司（土司十八代）彭肇槐于雍正二年（1724年），将治所迁颗砂建新司城，带南渭州知州彭宗国并将其提升为总裁（总理）同去新司城任职。雍正四年（1726年），彭宗国又回到南渭州列夕祉草，见到屋舍（衙署）荒废，甚是惋惜，命儿子启舜、启周修缮屋舍，完工后于大门（朝门）右侧立一块高约45厘米，宽40厘米的碑，碑文如下：

祉舍屋其原属旧治世业，届在邻境，弃荒多载。及先考公相其地可以营室，乃修葺之。甃石砌补，垒基使高，将为城堡，以备邻寇之不虞也。工已丰，蒙主恩擢，承总裁，遂住司。公冗未果，命舜等继理之。今舜等不敢忘先志，勉力趋事，使于岁之桂月。　告成，敢志诸石以明继述意也。

时雍正四年8月朔谷旦。

彭启^舜_周　立

石匠：孙嗣^光_宁

南渭州衙署祉草遗址记事碑文

该碑文证实了彭宗国随彭肇槐去颗砂新司城任总理，不忘旧治事业而回家告诫两个儿子修缮旧治所。碑文其中一句：以备邻寇之不虞也，说明当时溪州和溪州邻近社会动荡不安，也说明彭肇槐土司制度已经衰败。

从以上碑记文看，彭肇槐是在全国（西南）改土归流大势所趋的形势下迁颗砂的，雍正六年（1728年）彭肇槐识时务主动请旨改土归流。《清史稿·湖广土司传》载："雍正六年（1728年），宣慰使司彭肇槐纳土，请归江西祖籍，有旨嘉奖，授参将，并世袭拖沙喇哈番之职，赐银一万两，听其在江西祖籍立户安插，改永顺司为府，附郭为永顺县，分永顺白崖洞地为龙山县。"

南渭州土知州，属永顺司……雍正五年（1727年），彭宗国纳土，以其地归永顺县。

第六节 王　　村

王村，兴于汉代。

"民国"十九年《永顺县志第 10 页》载："王村在县东南九十里，即施溶土州旧地，上通川黔下连辰常为水陆要津。雍正七年置施溶巡检司。八年改《乾隆通志》（称）王村在北河岸傍山临水磴道崎岖为永顺门户。往永顺者从此舍舟登陆水陆通衢。"

王村是前历代土司都督府南大门，名称源远流长概有以下几则传说：

一说秦汉以来酉水流域八部大王常住王村，因而得名。传说和史料亦载：守斯土抚斯土，斯土黎民感恩戴德同歌摆手；封八蛮佑八蛮，八蛮疆地风调雨顺共庆丰年。这是上溪州龙山境内摆手堂的一副对联，由此可见八部蛮民拥戴蛮王。

话说八蛮是酉水流域古代部落群体，因有八个部落或居八峒而得名。今土家民俗仍称八部大王，其各部首领均有名称。《摆手歌》叙事称：熬潮河舍、西梯佬、里都、那乌木、拢此也所也冲、西呵佬、接也飞也、那飞列也。

二说这里最早为王姓定居地。永顺县《弄塔·王氏族谱》载：其始祖王公本三吴峨眉湾人，因避秦乱来楚，沿沅水入酉，曾"涉险滩急流，履悬崖鸟道，朝食山果暮宿洞穴"，历经千辛万苦才来到此地。王公见青山翠竹山环水聚，鸟语花香十分欢喜，乃"结草为庐羁息于此"。王公定居后，发现周围

山洞森林沟壑住有"长发赤足披兽衣,啁啾如鸟兽语"的人群,那就是土家族先民。

"公渐与习,乃探其巢穴,效其语音,教以礼仪,习以耕凿。"土家先民乃尊公为麦着冲(土家语"大首领")。王公二世麦塔冲,三世麦洛冲。子孙繁衍,逐渐蔓延向酉水支流猛洞河、灵溪河一带,成为溪州较大宗亲世族。王公最先结庐定居故地遂名"王村"。

汉代王村曾为酉阳城址。汉高祖五年(公元前202年)设武陵郡,下属十三县。《汉书·地理志》记载,酉阳是郡属之一,治所即设王村。在此期间,也曾有酉阳村名,但"王村"名最终胜出。

三说是唐末江西彭氏入主溪州。彭士愁率一班人先驻王村,据此探听老司城吴著冲虚实后灭吴。士愁当上土司王故名"王村"。"民国"十八年《永顺县志》载:"五代以后彭氏据其地,'彭士愁为溪州刺史,子孙世有其地。'自置二十余州至宋犹然其后。"史料又有载:"奉诏征南出豫章,八蛮洞口战奔忙。"这是溪州土民赞扬彭氏始祖彭士愁初来湘西,消灭吴著冲平服八蛮的两句诗。

古溪州大湘西神秘莫测,中原人要进入此地必经王村。汉初王村成酉阳县治所后,地理位置的重要性日益显露。它得酉水舟楫之便上通川黔下达洞庭,自古为溪州湘西通商口岸"蜀楚通津"。

土司政权时,王村是土府南大门重要开放地域。土司军政合五十八旗三百八十峒中的腊惹驴迟两峒,就在王村太平桥近处。后晋天福四年(公元939年)的溪州之战也发生在王村附

近，从王村顺酉水河下不远处的九龙厅山寨，就是彭士愁战败固守的砦堡，溪州铜柱也就立在砦堡下的会溪坪野鸡砣。宋至和二年（公元1055年）到嘉祐二年（公元1057年），溪州刺史彭儒猛、彭仕羲与宋廷几次战事也在王村附近展开。

明正德十年（公元1515年）至嘉靖四十四年（公元1565年），土司彭世麒、明辅、翼南及永属三州六峒，每次为北京朝廷贡献大楠木或运送贡品，多在王村码头集并转运。土司彭明辅、彭翼南等率土苗兵抗倭，也是先集聚王村再出发至苏松抗倭前线。

清康熙十九年（公元1680年），清军在辰龙关久攻吴三桂叛军不下，密令永顺土司策击。彭廷椿、泓海及南渭州彭凌高率土苗兵三千，自带粮草驻扎王村五里牌和太平桥扼吴军上游。彭廷椿与彭凌高一部从高岸，一部从郭家溪绕道协同清军袭取辰龙关。康熙帝亲颁永顺等处军民宣慰使司印一颗，授彭泓海总兵衔；彭廷椿提拔原副旗彭凌高升正旗并授"辰旗"旗长。

改土归流后，彭肇槐带其亲属出颗砂，也是先到王村驻足再启程返江西祖籍地。雍正九年（公元1731年）永顺设府县，王村又成永顺抵沅陵、常德、长沙到京城各地交通枢纽。明末到清初，湘西北陆路和西水流域水路持续改善，王村这座千年古镇再度兴旺繁荣。溪州土特产桐油、茶油、牛皮、麝香、药材和土家织锦等，成为外销出口商品。外地客布、食盐、棉花和各类生产资料，多经王村输入。王村既是永顺货物进出口总码头，又是原溪州所辖及湖北来凤、咸丰、宣恩、四川酉阳、秀山等地货物进出集散地。地方志记载：清乾隆、嘉庆、道光

年间，王村有"小南京"之称，时有大小铺面三百余，饮食客栈百余户，每日来往流动客商千余。古镇王村的兴旺为日后"芙蓉镇"的繁荣奠定了基础。

如今的芙蓉镇仍在传承千年古镇的五里青石板街、半边街、瀑布惊雷、王村古井、平桥晚眺、澄潭映月、松林晴雪、龙洞烟雨、天生石指、浩荡酉水，这些景点仍在新时代述说着新的传奇和辉煌。

第十三章

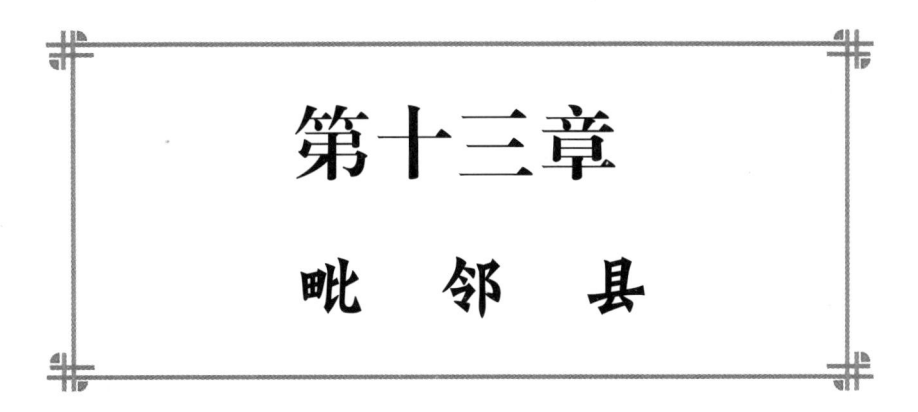

毗 邻 县

第一节　湖北来凤县百福司镇"舍米湖"

百福司镇舍米湖，兴于明代。

2011年7月，笔者曾专程考察舍米湖及湖北省恩施土家族苗族自治州来凤县大河向姓、漫水湾向姓、百福司向姓，结果发现这几个村的向姓，都是老司城《向氏族谱》所讲的向宠后裔。向宠生于东汉灵帝光和五年（182年）壬戌岁。蜀后主建兴元年（223年）封都亭侯，后为中部督典宿卫兵统领。诸葛亮《出师表》谓其"性行淑均，晓畅军事，试用于昔日，先帝称之曰能。是以众议举宠为督，愚以为营中之事，事无大小悉以咨之，必能使行阵和睦优劣得所"。延熙三年（240年）征汉嘉蛮夷遇害，惜哉。

得到这里向姓的支持，笔者又去考察百福司镇"舍米湖"村。

舍米湖是土家语，意思是小阳坡，即阳光照耀下的小山坡。如今它是湖北恩施州授予的"少数民族特色村"。光绪《龙山县志》卷六载："其地东至史禹山与永顺分水岭，南至大河与保靖分江界，西至龙岸八面山抵酉阳司界，北至红崖河抵永顺司界。大小一百有七寨。"足见龙山地盘之大。

2011年7月31日下午，同学彭宗武带笔者从百福司步行约12.5千米路，找到舍米湖彭书记家，得到彭书记和妻女三人的热情接待。他介绍说舍米湖全是土家族，元时属两江口

"大喇司"，后作为保靖司两江口从土舍升长官司。明正德十五年（1520年），土舍彭惠协理巡检事。

彭书记事后诚邀笔者去看寨中保存完好的摆手堂。它仍是传统木构建筑，四周有围墙，正面有大门，正堂陈设三尊神像。笔者问彭书记："三尊神像怎样称呼？"书记答："中彭公爵主——彭士愁，左向老官人——向宗彦，右田好汉——田尔庚。"

彭书记还说大喇司元代起源，司衙设在龙山。晚清一次社巴节，永顺彭施铎来过这里，他见到我们村一棵大古树挂满红灯笼触景生情，吟起古诗："福石城中锦作窝，土王宫畔水生波。红灯万盏人千叠，一片缠绵摆手歌。"

舍米湖85岁高龄的彭祖安老人2011年7月对笔者讲：他们彭姓原是从甘肃西部迁往江西，彭姓"陇西堂"与老司城彭氏同属一堂。祖上在江西遭受特大洪灾，迁往四川，后来又再迁百福司。在百福司再遇洪水，祖上就迁来这座大山定居了。

笔者观测舍米湖距老司城几百里路程，但与彭氏土司管辖区却有牵连，这说明彭氏土司督誓二十州的说法有凭证。

第二节　老司城文化源头

一、莲花池属溪州彭氏领地

"民国"十九年张孔修主编的《永顺县志》第一卷·地理志·沿革页十四有记:"五代以后,彭氏据其地。彭士愁为溪州刺史,子孙世有其地……"同页又记:"按宋史西南溪峒诸蛮传北江之蛮彭氏最大,自置上中下溪州三;又有龙赐、天赐、忠顺、保靖、感化、永顺州六;懿、安、远、新、洽、富、来、宁、南、顺、高州十一。总二十州至宋初犹然。"以上地名含今日怀化市辖芷江、麻阳、洪江等均在其内,二西的莲花池也在其中。老司城有诗人名句:"五溪之巨镇,百里之边城。"按《水经注》载:"武陵有五溪,谓雄溪、樠溪、㵲溪、酉溪、辰溪其一焉。夹溪悉是蛮左所居。故谓此蛮五溪蛮也。"

二、《湘西读本》

《湘西读本》载三土神像:最早指湘西早期土司彭士愁及其得力助手向老官人、田好汉。改土归流后,其亡灵亦进入土司神灵谱系,民间统称土司王。"尽管这样,在湘西土家族人民心中,土司王依然还是彭公爵主、向老官人、田好汉三人。"大湘西各族人民公认为神灵,历代享受祭祀,至今香火旺盛。

三、溪州之战与《铜柱铭文》

《铜柱铭文》第 39 行记:"武安军节度衙前兵马使、前溪州左厢都押衙、银青光禄大夫、检校太子宾客兼御史大夫、上柱国向宗彦。"

莲花池口传史料《向大妹明天启年间回忆录》讲到:伊祖向宗彦战后建言马希范、马希广"效仿东汉建武年间马援征南蛮交趾立铜柱前例",得希范希广采纳。即命天策府学士、江南诸道都统掌书记、通议大夫、检校尚书左仆射兼御史大夫、上柱国、赐紫金鱼袋李弘皋撰文誓盟"尔能恭顺,我无科徭。本州赋租,自为供赡。本都兵士,亦不抽差。永无金革之虞,克保耕桑之业",溪州人民于此得以休养生息。

天福四年(939年)九月发生"溪州之战"。天福五年(940年)双方誓盟罢兵。值此,千年一柱,天下太平。西南五溪及湘西土家、苗、汉各族先民和谐致祥,盛世太平,从而为彭氏世袭溪州领地八百余载奠定基础。彦公的谋略与智慧影响至湖南三湘四水,百里千里之外,均有宗彦公的血脉后裔传承,同其他民族先民共同开启大湘西繁荣昌盛的局面。立铜柱之后,宗彦公奉晋高祖旨意,马、彭之托,坐镇莲花池,俾职守旧疆,监督北江彭氏、南江马王,双方不得违背誓盟条款。直至天福八年(943年),爆发晋辽战。晋朝腐败无能,征调宗彦公平辽获胜,被奸臣所害,时为后晋开运年间(944年),终年52岁。《莲花池向氏族谱》中载有:彭士愁与五姓归诚,众具誓状,乃迁州城于平岸溪之下,仍以士愁为溪州刺史。公与诸将咸复故职俾守旧疆,以为久安长治。马希范自谓马伏波后嗣，因欲效其交趾铜柱故事以镇其界。

《第三次全国文物普查不可移动文物登记表》龙山县火岩尺格峒车夫老土王庙纪事，附原表石刻于下：

第三次全国文物普查不可移动文物登记表

名 称	火岩尺格峒车夫老土王庙纪事碑		代 码	
地址及位置	湖南省湘西土家族苗族自治州龙山县桂塘镇（火岩）前风村尺格峒土王庙内			
GPS坐标	北纬	东经		海拔高程
	29°12′39.2″	109°19′50.0″		780m
	测点说明	庙内中心点		
类别	○古遗址	○洞穴址　　○聚落址　　○城址　　○窑址　○窑藏址 ○矿冶遗址　○古战场　　○驿站古道遗址　○军事设施遗址 ○桥梁码头遗址　○祭祀遗址　○水下遗址　○水利设施遗址 ○寺庙遗址　○宫殿衙置遗址　○其他古遗址			
	○古墓葬	○帝王陵寝　○名人或贵族墓　○普通墓葬　○其他古墓葬			
	○古建筑	○城垣城楼　○宫殿府邸　○宅第民居　○坛庙祠堂　○衙置官署 ○学堂书院　○驿站会馆　○店铺作坊　○牌坊影壁　○宁台楼阙 ○寺观塔幢　○苑囿园林　○桥涵码头　○堤坝渠堰　○池塘井泉 ○其他古建筑			
	○石窟寺及石刻	○石窟寺　○摩崖石刻　○碑刻　○石雕　○岩画　○其他石刻			
	○近现代重要史迹及代表性建筑	○重要历史事件和重要机构旧址　○重要历史事件纪念地或纪念设施 ○名人故、旧居　○传统民居　○宗教建筑　○名人墓 ○烈士墓及纪念设施　○工业建筑及附属物　○金融商贸建筑 ○中华老字号　○水利设施及附属物　○文化教育建筑及附属物 ○医疗卫生建筑　○军事建筑及设施　○交通道路设施 ○典型风格建筑或构筑物　○其他近现代重要史迹及代表性建筑			
	○其他			
年 代	清代			
统计年代	□旧石器时代　□新石器时代　□夏　□商　☞西周　☞东周　☞秦　☞汉　☞三国 ☞晋　☞南北朝　☞隋　☞唐　☞五代　☞宋辽金　☞元　☞明　■清　☞"中华民国"　☞中华人民共和国　☞待定			

续表

面积（m²）	20			
所有权	☞国家	☞集体	☞个人	■不明

使用情况	使用单位（或人）		无人使用	隶属	前风村委会
	用途	☞办公场所　☞开放参观　☞宗教活动　☞军事设施　☞工农业生产 ☞商业用途　☞居住场所　☞教育场所　■无人使用　☞其他用途			

复查对象	级别	○全国重点文物保护单位　　○省级文物保护单位 ○市、县级文物保护单位　　●尚未核定为保护单位

单体文物	数量（个）	1
	说　明	单体石碑，位于石垒小庙内。小庙已毁。

简 介	土王庙位于桂塘镇（火岩）前风村尺格峒平山山腰，坐北朝南，现仅存石垒小屋一间。小庙背依青山，西部为农田，仅可见石砌墙，房顶已毁，面积约25平方米，石门有浮雕图案。碑在小屋内，碑文记叙有"会溪坪"战事等内容。碑文如下： 　　皇上咸丰二年壬子（1852年）岁腊月初一日　田有泮代众书 （以下为捐款人名，多为田氏） 　　诗云：胜地天开景，灵源庆泽长；雄图常巩固，悠久自岳疆。 　　天福五年（五代后晋高祖，公元940年），爵主奉晋王旨，同马希范、田好汉、向宗彦镇服溪州，宗彦住莲花池，好汉住石牌楼，希范为伏波将军，惟爵主世授楚王。今会溪坪铜柱是其亲立，柱间文字可考也。传十八代至彭肇槐，献土于雍正皇帝，镇楚有功。后人树彭祖庙，以志不忘，罡已遍众□一□地驰□□我进是□所辖，迩来地方不靖，豺虎横行，仰神威之驱除，敢不立庙，貌以奉□□兴土木之功，今已告成，是以序始末，永垂不朽云耳，是为序。

保存状况	现状评估	○好　　　○较好　　　○一般　　　○较差　　　○差
	现状描述	小庙现存石砌墙，顶已毁，石碑已渐风化，但碑文可辨。

损毁原因	自然因素	□地震　　□水灾　　□火灾　　□生物破坏　　□污染　　□雷电　　□风灾 □泥石流　　□冰雹　　■腐蚀　　□沙漠化　　■其他自然因素
	人为因素	□战争动乱　　□生产生活活动　　□盗掘盗窃　　□不合理利用 □违规发掘修缮　　■年久失修　　■其他人为因素

注：此表简介中将向宗彦、田好汉战后守职铭文碑刻得一清二楚。

四、彭翼南墓志铭记载：明宰相徐阶为彭翼南殁撰写墓志铭

明称：赐进士及第、特进上柱国、金紫光禄大夫、建极殿大学士、少师兼太子太师、吏部尚书存斋徐阶。墓志铭有赞：

辰之初、维公瑊。

肇于溪，乃士然。

至天宝，四十传。（以下从略，行首字疑为"自"）

注：士然即士愁，徐阶为彭翼南撰写墓志铭共1700余字。

辰之初，维公瑊。指士愁父彭瑊初任刺史启辰州治理之端。

肇于溪，乃士愁。指彭士愁任刺史把王朝治理之端推进溪州。

五、明溪口红字碑文（节选）

至和二年冬，辰军责蛮人之慢，焚其下溪州，取铜柱大铠而还。刺史彭仕羲以族奔峡木浣峒。朝廷因止其进奉及进于市。后蛮中岁饥且稍为边患。

嘉祐二年冬，简夫奉敕视三州边事。十二月壬辰与本路转运使王绰、州将窦舜卿议复取落鹤寨至马崖喏溪十间蛮人所侵官地。

三年二月，同州将兵驻明溪筑上下两寨，自三月十七日版筑，至四月十四日城成。破山开路抵石马崖，既尽复故地又将进兵下溪州，用平其巢穴。六月，仕羲以状伏罪乞命请降遂止

是行，犒兵于新城。因列随军官员姓名勒于崖石，庶久其传也（下从略）。

注：至和二年（1055年）；嘉祐二年（1057年）；嘉祐三年（1058年）皆彭氏管辖地暨老司城大事发生年代。

六、莲花池附近两座墓残碑刻残文阐释

云南按察司副使向公之墓
生於明成化……？殁於明隆庆……？

此碑记载人物生卒年同于明代彭氏第二十五世土司翼南。彭翼南抗倭之功、给北京运楠木之功、执政办学之功，得朝廷三次擢升，一升参致、二升昭毅将军、三升云南右布政使。明廷规定有特别贡献的三品官（翼南从三品）可获提升并可任外省职。笔者认为向宗彦公后裔因此获封云南按察司副使（应是四品官）。

七、摆手堂三尊神像排序及称呼

大湘西凡土家村寨，多设有摆手堂。土家先民每逢初一十五及重要节日，多在摆手堂聚集祭祀，场面热烈隆重。老司城目前十多姓：周、魏、朱、陈、向、肖、付、王、喻、郑、秦、张、田、彭等，对摆手掌三尊神像排序称呼如下：中为彭公爵主彭士愁；左为向老官人向宗彦；右为田好汉田尔庚。湖北来凤县百福司镇舍米湖、大河两村有同样的称呼顺序。

八、老司城世居姓氏中的向姓

老司城《向氏族谱》载：宗彦公（892—944年），原籍江

西南昌府丰城县铁树宫栗树村向家巷人,与《莲花池族谱》同。

老司城向姓世代叙事:向拔元生于唐僖宗中和元年(881年),夫人张氏,子宗高、宗真、宗彦。唐末哀帝(李柷)天祐(904年)年间,宗彦随彭玕、彭瑊入湘西沅陵莲花池定居(注:彭玕、彭瑊早年败于江西杨行密转投楚王马殷)。后因各种原因,莲花池向姓部分族人分别迁居如今的湘、鄂、川、渝、黔等地,老司城向姓祖先从莲花池迁往永顺小龙村(腊惹峒)。土司时代,有富公后人又从腊惹峒迁老司城,至今二十余代。老司城向姓在彭氏溪州境内八百年中官员辈出。仅《德政碑》文所记五十八旗三百八十峒军民头人51姓375人中,向姓就占87人。

九、老司城附近三座莲花山,均为向姓墓地

向姓传说莲花山由土司王划给,其事与宗彦公有关。

话说彭士愁入土王吴著冲宫成为驸马,娶其女秀英(此处用汉名,土家语名四字参见前述)。吴秀英识大体顾大局,配合夫婿夺其父之命及地位,但他住进宫殿屡遭怪异骚扰不得安宁,全靠夫人秀英建议给岳父吴著冲封号都督土地神并建庙塑像,祭祀不绝,才使之后30年治理溪州得心应手。彭士愁因此立规,今后世袭土司王者,必须尊重妻子和姻亲。

传说彭士愁友臣向公宗彦助朝廷平蛮遭猜疑遇害,尸骨未归仅得衣冠葬塚。士愁闻讯悲痛便交代儿孙,凡向宗彦后裔辅位有功者须格外优待。

向姓竹林堂神龛对联称:源起莲池家声远,品重竹林世泽

长。其他房派向姓的对联则是：莲池荷花家声远，竹林风高世泽长。两副对联意思相近且都不离竹林和莲花池。

十、金石刻建筑物上莲花纹

老司城溪州铜柱基座、大小德政碑基座、木屋柱扇磴，包括有些铜铁铸造器具，必有莲花呈现。笔者认为这与莲花池向老官人清廉有关，与溪州人民和大湘西人民怀念崇敬向老官人有关。

十一、民间故事

1.《向老官人善言辞》。九龙磴故事，时间在939年前。参见前述70人挑水，80人煮饭……

2.《灵溪河三比武》。老司灵溪河南门对岸石鼓边故事。彭士愁征服吴王成为驸马，但大臣不服。老蛮努力嘎巴坚持与彭士愁三比武：一比茅草过河，看谁扔得远；二比纸钱飞天，看谁飞得高；三比打蚂蚁，看谁击杀得多。公道人向老官人应允裁判并约定：输者甘为下属，班辈职位同于驸马之子。结果努力嘎巴三次皆输，诚心服了彭士愁并更名彭师晃，与世愁子师裕、师果同辈且为彭氏执政立下汗马功劳。溪州盟誓铜柱第51行刻记："武安军节度讨击副使、左归义第三都督将、银青光禄大夫、检校左散骑常侍兼御史大夫、上柱国彭师晃。"讲的就是其人其功名。

3. 溪州立铜柱时，向公宗彦说服田尔庚归顺彭士愁，田氏愿意竭诚效力尽释前嫌。国家文物局《第三次全国文物普查不可移动文物登记表》火岩尺格峒车夫老土王庙纪事碑刻有记：

"天福五年（五代后晋高祖，公元940年），爵主奉晋王旨意，同马希范、田好汉、向宗彦镇服溪州，宗彦住莲花池，好汉住石牌楼，希范为伏波将军，惟爵主世授楚王。今会溪坪铜柱是其亲立，同柱文字可考也，传十八代至彭肇槐，献土于雍正皇帝，镇楚有功。后人树彭祖庙，以志不忘，罡已遍众□…□地驰□□我进是□所辖，迩来地方不靖，狼虎横行，仰神威之驱除，敢不立庙，貌以奉□□兴土木之功，今已告成，是以序始末，永垂不朽云耳，是为序。"彭士愁、向宗彦、田尔庚作为湘西三大土王，世代扶佑湘西人民的叙事以此为据。

4.《向老官人的四季感冒茶》，此应为930—940年间的故事。

5.《送春牛》应为944年之后的故事。

十二、平辽遇害

笔者作为向氏后人，曾提请沅陵莲花池族老后辈仔细审阅核查《五代史》如下记载：石敬瑭天福七年壬寅（942年）病逝，其侄石韵（石重贵）继位称"出帝"，改年号开运。天福八年（943年）爆发辽晋之战……宗彦公被奸臣所害。这段记载如能与向老官人接通，必有利于莲花池文化弘扬发展。

十三、莲花池来历

笔者携老伴郑泽花2004年赴莲花池访古，遇到45岁左右李姓妇人，于今当有60余岁。她讲向宗彦故居和二条巷道对面的金字山和山下浴王潭及莲花池来历，记录如下：很久以前，中莲花池村上面路边，有一泉池方圆丈许水质极好，村里

人用之爱之。一日清晨，村人突见初升阳光射入水池呈现三朵莲花十分美丽庄重，引得路过数十行人围观，约半个时辰才消失。众人赞叹称奇，断言此地必出能人奇人奇事……此泉池因而得名莲花池，由上、中、下三个自然村落共享。李姓妇人还说，该奇人就是向宗彦公……

笔者据此认为，莲花池虽然远在邻县，但其文化也应是老司城文化的组成部分且关乎其文化源头，沅陵方向也是古代贤人的必由来路。

以上13个例证仅供读者诸君审阅参考。

老司城文化叙事人：向盛福
2021年4月30日

附 录

1. 老司城万马归朝记

仲彦（永顺县文联主席　向先林）

永城东南，有群山巃嵸，其体嵯峨，状若万马，列阵竞驰，环集司城，名曰万马归朝，古为军事之要塞，又为风水之形胜。铁马蹄坚，护佑列祖，拓土开疆，昌于边地，胤绪绵延，九九百年。

溪州古地，境接牂牁，土苗诸族，萃聚五溪。去就在心，臧否由已，无辜上国，不欺小民。先于会溪筑城，铜柱分疆，宋后肇基龙潭，再迁司城。明时，倭寇犯境，国土失宁，上召土司彭翼南星驰铁骑，效命海疆。昭继前烈，妙运神机，肃清贼虏，盖东南战功第一。然胜地不常，鸿祚难续，清雍正改土归流，彭肇槐输诚献土。庙宇衙署，付之丘墟，桂殿兰宫，墙倾圮毁，佩玉鸣鸾，帘卷西风，阁中世子，泪洒诸山。后永顺改司为府，辖永保龙桑之地，知县李瑾，勘边猛洞，肇建城垣。惟万马归朝，至此岑寂。

烟光凝散，飞霞流云，逝者已矣，生者如斯。为纪盛德，刊勒祖功，建兹牌坊，以壮观瞻。牌坊高标，岩崿溪谷，耸构崔巍，文饰斐然。气凌星汉，怀纳百川，邀四海良朋，赏白石法章，登临坐观，逸兴飞扬。披晨昏，赏木石，经天地，绳事理，极长天之浩浩，纵思绪之绵绵。天高地阔，扶摇可接，霞飞广宇，雾笼晴川。宇宙浩渺，盈虚有数；世间荣乐，相环相滋；唯达德者，能原其本，闻声知情，天下永顺尔。

岁在庚子，月属孟冬，秉命纪之，刻兹贞石。

万马归朝对联撰联书写人员名单

会溪立柱齐政治民德义施行八百载
福石筑城移风修教恩威化育万千家
　　　　　　　（曾尚华撰联，熊本义书）

边镇治千年，卫国抗倭，遗址留痕追帝阙
中华融百族，抚今溯古，土家有志壮龙宗
　　　　　　　（胡治身撰联，曾传江书）

何处是瑶台，但看眼前山水
同游非俗士，尽成方外神仙
　　　　　　　（胡治身撰联，黄红忠书）

山河依旧遗雄气
日月重新蔼岁华
　　　　　　　（周惠畴撰联，田斌书）

带围一水双龙合
剑插群峰万马奔
　　　　　　　（彭勇行撰联，王焕林书）

东瞰洞庭湖，气吞云梦三千里
荣称都誓主，誉载蛮荒二十州
　　　　　　　（彭秀模撰联，向俾洋书）

题额：老司城（沈鹏书）
　　　五溪巨镇（林时九书）
　　　万马归朝记撰文：仲彦　书写：胡世坤

2. 民间传承的古建筑赞颂词和诗词

（一）五修五说词

1. 五修词

一修土王美金銮，四围高墙，照壁高二丈，江山八百年。

二修关帝宫，整鼓铜钟，关帝老来称英雄，大刀摆当中。

三修祖师庙，鲁班来所造，千年未偏倒，万古把名飘。

四修皇经台，实在修得乖，天干年成把经拜，大家齐斋戒。

五修观音阁，美女梳头朝北坐，右侧灵溪河，对岸，罗汉笑呵呵。

2. 五说词

一说彭氏王皇宫院，大门五进至金銮，
前有绣屏拱座前，后有福禄寿三山，
彭土司君屋场，世袭八百年。
二说关帝宫，九火炼成金铜钟，
武夫子圣贤容，有大刀名青龙，
设小学教萌童，准备状元公。
三说祖师庙，鲁班来所造，

横梁千柱千搁倒，千百年来完好，
鲁班技艺高，仙机真奇巧。
四说玉皇楼厅，供奉皇经，
峨眉山天久晴，众人开经来拜神，
打雨醮，五谷登，万民俱沾恩。
五说观音阁，北向朝北南座，后有少女梳脑壳，
门前两株大桫椤，南海山普陀，也难比得这也难过。

（二）十八景诗

南乘天马过灵溪，偶遇渔翁撒网时。
银板仙人舟莫渡，石桥石鼓实难移。
参天玉笋堪图画，插帽金花自古遗。
感泉雅意温和酿，龙涧钟铃瀑布奇。
月夜朗溪窥白象，参天乔木隐青狮。
铜柱秋风希范迹，若云书院翼南题。
羊峰毓秀将军立，心印高悬绝妙祠。
万马归朝名胜美，群峰拥翠世间稀。
绣屏拱座年年在，福禄山前永座基。

（三）《老司城·向氏族谱》续谱诗

作者　向云俊（2001年83岁高龄题）

祥麟瑞凤不寻常，向秀敏中祖辈强。
岁月三千标史册，子孙万代续炎黄。
弭兵卫国昭仁义，平乱八蛮定楚疆。

淮泗江湘延四海，修齐治世振家邦。
八哥九子姓名扬，俊杰清流代有强。
神话契贤传简狄，史源鼻祖仰商汤。
挥师淞沪驱倭寇，议政天坛着宪章。
帝胄于今超百万，工农科技创辉煌。

注：作者向云俊，北京大学工学院建筑系毕业，高级工程师。曾任湘西土家族苗族自治州政协副主席。于1984年应邀参加"少数民族观礼团"赴北京参加国庆三十五周年庆典，到天安门台上观礼。于83岁高龄（2001年）题诗。

（四）老司城怀古

猛洞春潮，排空淘浪排空，奔腾南泻。寻边安故都，土王住处。宫帷庭谢，玲珑玉阶，纵横街巷，雄伟城关，山高帝远称霸业。诗有颂，挂红灯万盏，摆手舞叠。福石锦窝鼎慝，彭氏旌旗八百飘猎。看士愁先祖，霍刀敌克，酉水鏖战，铜柱铸盟约，抗倭翼南，东浙披靡，土家儿郎敢喋血。陵冢前，追王朝枯荣，秦时明月。

注：此诗作者系永顺抚志出租汽车司机黄修兴2009年11月12日作于老司城。

（五）民间流传小调

一唱土司坐司城，一统乾坤，修宫殿，立午门，凉洞热洞砖砌成，咿儿哟咿儿，哟，赛过西京城，哟，嗬也，嗬也！

二唱悠悠灵溪河，皇宫绕过，如玉带，泛碧波，大河小河两汇合，咿儿哟咿儿，哟，一派好山河，嗬也，嗬也！

三唱文昌关帝宫，整鼓铜钟，和尚们，早敲钟，余音袅袅半夜中，咿儿哟咿儿，哟，土司世昌隆，嗬也，嗬也！

四唱披发祖师庙，鲁班所造，楠木柱，马桑树，横梁千柱千搁倒，咿儿哟咿儿，哟，仙机真奇妙，哟，嗬也，嗬也！

五唱雄伟观音阁，朝北南座，灵溪河，右边过，前有桫椤树两棵，咿儿哟咿儿，哟，南海配普陀，嗬也，嗬也！

3. 民间传统歌曲与现代歌曲

民间传统歌曲

```
1=A  2/4
6·1 6 | 6·1 6 | 1 6 | 1 2 · 1 | 1 6 1 6 | 1 0 | 1 6 1 0 |
一  唱  土  王  坐  司  城    一  统  乾  坤,    修 宫 殿

6 1 5 | 6 1 6 1 | 1 6 3 | 2 · 1 | 2 1 6 2 | 1 6 5 | 1 6 1 6 1 |
立午 门, 凉洞热洞 砖  砌 成,  依儿哟依儿 哟, 赛过西京

6 6 5 | 5 6 · | 5 6 · ‖
城  哟嗬也  嗬也。
```

现代歌曲

老司城我的家

作词：向盛福
作曲：向 恬

优美饱满地

万马归朝名胜美，千寻落峭水映霞，
紫殿丹袭廿八代，转角楼住数千家，

天青日丽彩蝶戏，凤送芬芳四时花。
铜柱琬宝织锦美，摆手舞动红灯挂。

绿色生态，江山美如画，冬暖夏凉，有我生长的家。
土家苗汉，和谐传佳话，真情浓郁，有我温馨的家。

灵溪河畔,泰平山下, 美丽的老司城,我的家。

灵溪河畔,泰平山下, 美丽的老司城,我的家。

美丽的老司城, 老司城我的家, 美丽的老司城, 老司城我的家。

嗬 也, 嗬 嗬 也, 嗬 也, 嗬 嗬 也。
念:灵溪河,弯弯过, 罗汉晒肚太平坡; 凤凰山,土王坐, 老司城中锦作窝。

美丽的老司城, 老司城我的家, 美丽的老司城, 老司城我的家,

我 的 家。

附录

233

美丽的灵溪河

作词：向盛福
作曲：向 恬

热列地

美丽的灵溪河，碧波荡漾；两岸松柏丛林，鸟语花香；鸳鸯成双滩边觅食，白鹤成群低空飞翔。美丽的姑娘，在溪边洗衣裳，

罗汉、美女山神奇，隔河相望；祖师殿鲁班造，工艺千秋扬；灵溪河鸭蛋，在农家飘香。撑舟的小伙，歌声悠扬嘹亮，

附录

235

我想邀你同乘小
甜醉了我的心

舟，观赏。
房，我的心房。

美丽的灵溪河，

碧波长共山峰过，迷

人的风光，缠着了我，

做梦都在乘小舟游哟!

啊!哟!灵溪河

我要为你唱新歌!

4. 明代老司城八街九巷和九坊二口具体位置

（一）明代八街的具体位置

灵溪河东有：

正街，即从西门沙洲后边至左街相接处，全长 480 米。

右街，即中街与河街相连处至内罗城北门口，全长约 480 米。

河街，即从西门沙舟与正街相接处至南门码头止，全长约 480 米。

左街，即从正街相连处至芮家湾口止，全长约 460 米。

半坡街，即从芮家湾口起至东门坳上止，全长约 480 米。

五铜街，即从左街肖家屋边起至文昌阁前止，全长约 500 米。

灵溪河西有：

西道街（河西街），从司城渡船口坎上起至北官道见亲湾口止，全长约 450 米。

渔度街（鱼肚街），北从喻家堡起至南狮子口坎上止，全长约 480 米。

注：关于紫金山、紫金街的名称笔者认为是改土归流后或晚清的称呼，按《彭氏土司稽勋传》载：彭万潜，彭胜祖之子。元大德十年（1307 年）生，至正十一年（1351 年）改升安抚司，明洪武二年

(1369年)卒，在任十九年，寿六十四，葬雅草坪，谥忠靖。

同时记有彭天宝、彭源、彭仲、彭世雄、彭瑄等殁后均葬雅草坪。而彭世麒明成化十三年（1477年）三月二十九日生，嘉靖十一年（1532年）九月初七日卒。在任十六年，寿五十六，葬寿德山，谥忠毅。

据上述看，寿德山和雅草坪是同一地方，又不同于唐伯虎命名的雅草甘泉，雅草甘泉在今周家湾摆手堂、榨油坊后面约二百米处。所以"子孙永享"牌坊前的紫金街是改土归流或晚清时的称呼。紫金街后面的紫金山都是改土归流或晚清流传下来的名称。

（二）明代九巷的具体位置

灵溪河东：堂坊巷，即箭杆坪坎下的右街至堂坊堡止，全长约150米。

纸蓬巷，即正街地灵坊土地堂前至河街后边止，全长约130米。

南门巷，即起南门码头至左街相接处，全长约120米。

向家湾巷，即从肖家屋边起至巷口下边止，全长约150米。

巷口巷，即从巷口下边起至城隍庙后山止，全长约150米。

五铜街巷，即从城隍庙后山起至朱泽文屋门前止，全长约200米。

朱家堡巷，即从五铜街起至通往杨土庙路相接处止，全长约120米。

东门坳巷，即从东门坳起至朱家巷止，全长约350米。

灵溪河西，枥坊口巷，即东从枥坊口会官坪相接处起，西

至枧坊口坳下送君坪接界处止，全长约 500 米。

（三）老司城历代延续九坊的具体位置

灵溪河东：

堂坊，即正街西头堂坊堡及堂坊坡街全境。

人杰坊，即中街（右街）及河街上段至西门前与正街连接处。

地灵坊，即正街中段与纸蓬巷及河街中段。

寿桥坊，即南门巷及左街下段东西原居民住地全境。

向家湾坊，即向家湾全境及芮家湾口止原居民住地全境。

五铜街坊，即五铜街及朱家堡原居民住地全境。

显应坊，即东门外及雅草坪全境原居民住地在内。

灵溪河西：

世泽坊，即枧坊口及枧坊口巷全境原居民住地全域。

西道坊，即渡船口坎上至见亲湾口止全境原居民住地区域。

注：每个坊设立有一个土地堂，西道坊土地堂在渡口坎上官用水井旁边，永顺县在 1995—1998 年两次遭遇"5·13""7·23"特大洪灾时冲散。

（四）二口的具体位置

枧坊口，即郑泽亮、彭武忠、郑泽安、公厕、广场、会官坪等地通称枧坊口。

狮子口，即白砂溪（老司城小河）出口的左边，秦源金、秦远家、干石水碾等地。

5.《铜柱歌》[①]

（一）

酉水之水天下奇，怒湍激石翻琉璃。
谷窗窥天日暗淡，峰回岸锁烟迷离。
喧豗跳掷不可测，忽落平潭散涟漪。
凤滩三叠雪浪滚，潴溶万弩雷飙驰。
伏波神祠岿然在，遥与壶头争嶔崎。
新息征蛮未到此，镘𫘤[②]留句辨讹疑。
蛙声紫色纷五季，马殷王楚雄边陲。
攻取朗州更西略，永顺军乃书史垂。
继承有子曰希范，天策开府鹰扬威。
偏师戡乱慴彭氏，椎牛酾酒来洞旗。
会溪名取会稽义，涂山玉帛明参差。
功比交趾光祖业，崔巍铜柱镌盟辞。
文开塞野告后世，德服不欲穷戈铍。
纪年天福复天禧，尚奉正朔遵朝仪。
题名头衔首大长，土官苗吏雁行随。
云绚五章翔鸾凤，海潜千怪蟠绞螭。
典谟[③]橘皇平淮颂，江汉旬宣常武诗。

[①] 此歌选自《严如熤集·乐园诗钞》。
[②] 镘𫘤（mǎn qiú）：古亭名。
[③] 典谟：指经典。

昌黎无人东坡死,皋文大笔何淋漓?
轩亭初完蔽风雨,银钩铁画森须眉。
年深栋桷尽圮毁,露冷日炙苔藓滋。
神器倾圮顶盖脱,盗空宝藏巢野狸。
桑经郦注孰与续,铜驼荆棘何胜悲。
旧闻网罗苦孤陋,苍茫对此双涕洟。
禹碑峋嵝残岳麓,舜陵荒窈埋九嶷。
如何此柱铭璀璨,文献足征藻可摛。
安得广起千部厦,千秋遮护无损亏。
时艰珍物亦冷落,岂徒黔首哀疮痍。
夕阳在山水呜咽,舣舟待发还淹迟。
徘徊摩读不忍去,起衰救弊待我为。

(二)

九龙废殿生黍禾,会春园里樵人歌,
江山宴游不可复,百年大业有几何。
自从群驹斗栈罢,沈沙蚀土埋铤戈,
森然一柱会溪上,铜花千古无人磨。
当时天开神策府,湘中隽异咸收罗,
其中健者李学士,高文典册争巍峨。
喜看蛮徼一朝服,为勒铭誓留岩阿,
耕桑相邻无予扰,租赋自赡勿汝呵,
改建州城下平岸,城关不见乌衣讹,
精夫姎徒俾尽识,文字不事籀与蝌。
当年负固保山寨,狂呼万众擂蛮鼍,

危崖四绝不可到，若据蜗角与槐柯，
一扼其喉监其脑，束身纳款如投梭。
崇侯归周获事蜀，策勋钦至何委蛇，
及乎师杲奋忠义，丹忱耿耿盟羲落。
投搠请死赦不杀，感此恩义泪滂沱，
故君依依出大族，同气乃和伤天和。
贤哉希振吴太伯，希声以下皆殊科。
吁嗟武穆亦可人，有才才子何其多，
龙头虾尾石文出，先非已见宫门驼。
八床主人策富强，茶市远达荆鹿过，
如何诸子不能教，璧如美玉无切磋。
百年九九旧铭在，空复余庆希伏波，
岂无秦王与许李，虎虎矫矫皆牧颇。
塞天黄雾司马死，制子不鉴心无波。
英雄自古憾豚犬，坐堕先业徒婩婀。
我来偏舟沂溪水，徙倚柱下空摩挲。
旋风偃月盛文誉，而此尤足供咏哦。
君不见文渊一柱峙交趾，奇勋合治黄金鹅。
金人铁马照荒服，作颂隐隐摩驷那，
迩来岛夷肆侵逼，东南属国多坎坷，
愿借天威一鞭垂，归来洗甲倾天河，
守在四夷古明训，及时建树勿蹉跎。

【注释】

此诗录自"民国"《永顺县志·古迹》卷六。

胡元玉（1859—），卒年不详，字子瑞，号镜珠斋。湖南湘潭县人，清代语言学家。清光绪十四年（1888）优贡，官至教谕。入民国，官任

国史馆总纂。他治经学，尤精文字训诂，撰成《雅学考》一书。另外，他还著有《璧沼集》《驳春秋名字解诂》《汉音钩沈》《研经书院课集》《东山书院课集》等。

（三）

伏波铸柱镇海表，平定交阯民颂歌。①
壶头镵鞍空矍铄，数奇将奈五溪何。
李唐失驭强藩横，攘袂分割兢麾戈。
希范据楚仍朝贡，自矜霸业能不磨。
况乃伏波之苗裔，五溪蛮僚纷星罗。
奄有洞庭接吴越，屏障衡霍森峨峨。
一州安谧狼烟息，溪蛮慑服窜岩阿。
勋名亦刻绳祖武，边亭斥堠罢搗呵。
事必任劳方永逸，毋使反侧民惊讹。
不敢讯楚楚立誓，书期晓俗无蚪蝌。
穴山取铜范作柱，雕镌文字镂蛟鼍。
柱成八面形制壮，规模汉柱柯伐柯。
亿龄垂跃可弗灭，岂忧入水化龙梭。
誓词深刻继以记，衡名后列纤委蛇。
天福五年夏五月，落成击鼓舞瑶娥。
群蛮望柱屡下拜，归化或激咸涕沱。
差贾收买五溪货，互相交易崇睢和。
都幕入山伐土产，辄有庇占申条科。

---

① 海表：犹海外。古代指中国四境以外僻远之地。

晋悼①再霸靖内患，和戎魏绛讵足多。
无何栽柳遭鞭打，空尔分兵屯骆驼。
蛮烟瘴雨蚀铜柱，山荒地僻鲜经过。
近儒讲求歌赵学，始取拓本相切磋。
吴氏春秋纪十国，恨未汛棹涉湘波。
誓词遗却不见录，记文虽载仍偏颇。
授堂金石富题跋，尽为罗列详于他。
宋人题名乱羼入，不加剖别犹掩嫛②。
潜擘③老人称后出，前贤疏漏费摩挲。
兰皋④萃编更完具，一番披咏一吟哦。
长沙至今见者少，昔曾易以李白鹅。
永顺咫尺非绝徼，毡推无工事则那。
沙南候兴李平国，天山万里载轻轲。
愿将手拓千万本，流布不胫走江河。
长年闭户未远出，遂令此意终蹉跎。

【注释】

该诗选自"民国"《永顺县志·古迹》卷六。

向乃祺，字伯详，永顺李家坪人，清末秀才，后留学日本入早稻田大学。回国后曾任国会参议员、北京大学教授及安徽贵池专员等职，著有《灵溪诗存》。

注：溪州铜柱歌摘于翟非、孔凡卫编著的《湘西土司稽古录》。

---

① 晋悼：指晋悼公。和戎魏绛：魏绛史称魏庄子，春秋时晋国卿。晋悼公采纳了魏绛和戎之策主张，从此绥抚诸戎。

② 掩嫛：依违阿曲，无主见。

③ 擘（bò）：大拇指，常指人物。

④ 兰皋：长兰草的涯岸。《楚辞·离骚》："步余马于兰皋兮，驰椒丘且焉止息。"

（四）

蛮烟瘴雨溪州路，溪边桃李花如雾，
楚国将军旧驻师，岿然铜柱千秋树。
摩挲藓苔读残铭，将军曾拥群蛮戍，
兵气消沉战士归，墨花飞舞才人赋。
嗟呼八姓十三君，神州草窃空纷纭，
庙堂姑息羁縻计，藩翰张皇战伐勋。
正朔尚尊晋天子，云福欲附汉将军，
赈饥大发监河粟，饮酒高歌破阵云。
帐下微卢知效命，幕中枚马亦能文，
真人未出群龙起，蛮触蜗争自古闻，
当时唐失中原鹿，神器迁流如转毂。
永巷传书寄石郎，空劳燕子双飞足，
一朝戎马起萧墙，半壁河山窘边幅。
拱手燕云付契丹，空劳楚广平蛮服，
积薪救火小朝廷，旧闻祇益溪山辱。
盘瓠丑类至今存，神武常垂不杀恩，
百雉筑城屏轮固，两阶舞羽庙堂尊。
诗书未必能移俗，剑戟全销祇劝耕，
昔日铭功书伐地，风雷常护伏波营。

【注释】

以上选自同治《沅陵县志·艺文》卷四十七，同治《永顺县志》有记载。

（五）①

中兴功名数文渊，铜柱峨立沧溟壖②。
七百余年晋天福，天策府开更烈烈。
跳梁小丑上溪州，伯府豪俊夸壮猷。
苍头奋击猛如虎，一战五姓戈尽投。
军前魋③结拜酋长，愿听约束守边疆。
刑牲歃血矢无叛，平蛮铙歌聒虎帐。
铭功命铸千钧铜，伏波奇绩云孙同。
淋漓鸿文臣皋撰，篇成拜献潭王宫。
大书深刻垂千秋，屹嶙赑屃④压龟纽。
铭曰赫赫功无前，燕然勒石古仅有。
海内纷纷盗名字，分裂乾坤祸未已。
鲸吞虎视环四郊，兵强马壮作天子。
一言反间中阴谋，高郁可怜已诛死。
奸臣结敌输国情，众驹争槽祸方始。
新宫奕奕涂丹砂，九龙护略侈豪华。
一州脂膏有几许，箕敛榷尽山中茶。
宗社转瞬抛李唐，马殷祠内春草荒。
国无人矣岂能久，况乃寻戈自残伤！
石晋以来几尘劫，此柱依然镇蛮乡。
雨淋日炙不剥蚀，文渊遗迹偕灵长。

---

① 选自《严如熤集·乐园诗钞》。
② 壖（ruán）：释义余地，隙地。《汉书》："故尽河壖弃地，民茭牧其中耳。"
③ 魋（tuí）：古书上说的一种毛浅而赤黄、形似小熊的野兽。
④ 赑屃（xìbì）：壮猛有力。宋苏轼《桄榔庵铭》：百柱赑屃，万瓦披敷。

蛮夷自昔骄诸天，蜂屯蚁杂习固然。
长养未能似儿子，草薙禽狝殊可怜①。
霸府颇能挟长策，毒矢不机静烽烟。
能捍大患符祀典，荔丹蕉黄荐年年。
不然金陵构难日，回首已非楚山川。

（六）

子皇帝立父西戎，十六州割边防空，
石郎大位直儿戏，可惜荆南纪绩一片铜，
伟哉楚王马殷子，裹尸不惜沙场死，
旗帜朝屯二酉云，鼓钲夜沸五溪水。
溪山酋长争来朝，蜗角不逐狼烟销，
满天剑气口枪避，万帐铙歌山岳摇。
巴渝远水通千里，盘瓠遗疆定一朝。
酾酒椎牛誓香火，地图界破金绳标。
乃仿交趾铜，弹压溪州土。
长虹落九天，苍茫亘烟雨。
谓今而后勿为扼辙螳负隅虎，石烂江枯功不腐，
有如此柱立地顶天万万古。
尔时意气吞南天，眼中不数马文渊。
商颂周诗共炼冶，秦碣汉鼎入雕镌，
煌煌正朔颁绝域，大书天福晋五年，
五年来，岁几迁，可怜晋社如秋烟。

---

① 薙（tì）：用刀刮去毛发。狝（xiǎn）：古代指秋天打猎。

自古铜驼无定处，铜人辞汉哭汉主，
漳州雀去魏王台，泸水沙埋诸葛鼓。
是何劫数散荒凉，铜柱高悬字数行，
沙虫猿鹤精灵灭，无限樵歌吊夕阳。

【注释】

以上唐仁汇古体诗皆录自"民国"《永顺县志·古迹》卷六，《铜柱歌》在同治《永顺县志》也有记载。

6. 世界文化遗产地

——永顺老司城廉洁文化故事

(一) 太淑人彭氏开仓放粮

1980年，考古工作者在M5墓中清理出墓志铭一块，长80厘米，宽78厘米，厚6厘米，青灰色砂岩，已断成上下两截，阴刻楷书铭文，碑额篆书"诰封明故太淑人彭母墓志铭"。彭氏，土司彭显英的夫人，两江口长官司长官彭武次女，土司彭世麒的母亲，诰封为太淑人。她性格仁慈，深明大义，乐于施舍，教子有方。弘治年间，为了维护国家统一和社会安定，彭世麒屡次征战，取得不朽战功，母亲平日的谆谆教诲对彭世麒影响很大。每逢朝廷征调，她都叮嘱彭世麒说："你要竭力报效朝廷，千万不要私用国家的钱财，应当要有流芳后世的志气，要对得起皇上，这样才能让您父亲泉下有知。"那几年，自然灾害严重，南方荒涝，百姓饥馑，太淑人重视土民生命，开放粮仓，救济灾民，从来没有表现出丝毫的舍不得，说："财费不足惜，大命甚可惜；小利不足惜，大义甚可惜也（拥有钱财不珍贵，人命非常珍贵；拥有小的利益不珍贵，大义才觉得可贵）。"其治辖区数万土民无一饿殍，全然得以存活下来。太淑人彭氏得到土民们爱戴，听到其死讯，远近黎民百姓，纷纷前来奔丧。

(二)彭世麒大兴文教

彭世麒,字天祥,别号思斋。十一岁承袭,十四岁开始独立治理司政。其倜傥好仪,轻财乐施,生活简朴,对百姓宽容,地方安定。屡被朝廷征调,获战功,深受朝廷信任。他的事迹经常被年高有德望之人称赞与传颂,朝廷闻之,钦赐"表劳坊",以赞扬他的贤能。

彭世麒生平热爱汉文化,严于修身,为人平易,部下敬畏他的威严而怀念他的恩德。他修建公署,在堂屋上放了四块匾额,上面写着"世恩""怀忠""思亲""筹边",用来鞭策土司土民,治理地方时重视儒家文化,传承发扬忠孝美德。

他大兴文教,清廉简朴,自己筹钱延纳和礼遇博学的老师,请当朝士大夫如东白、白沙、东山、甘泉、阳明、大崖、闻山、高吾、云巢等名师,教养子弟,虽然他管理的地区在偏远的山谷中,但土民却能遵法畏忌,为人和蔼、知书达理。正德年间,他私筹资金,组织修志,著有《永顺宣慰司志》,这部著作是永顺历史上第一部地方志书,是研究湖广土司的重要著作之一。彭世麒勤政为民,廉洁为公,大兴教育,使土司地区的儒家素养显著提高,地区文明得到提升,乡风民风得到不断改善。他重文教的思想一直影响后世,彭元锦任土司期间,在老司城设立若云书院,这也是湘西地区最早的书院之一。

(三)彭世麟伏杀叛贼

正德六年,四川蓝廷瑞、鄢本恕及其党二十八人倡乱两川,乌合十余万人,偕王号,置四十八营,攻城杀吏,流毒黔

楚。朝廷派总制尚书洪钟讨伐叛乱，官军断了贼寇粮食，不多时贼寇不敌，假装听从朝廷，背地里还是常常劫掠百姓。朝廷派遣永顺彭氏土司平叛乱。当时，延瑞意图把女儿嫁给永顺土司彭世麟，作为缓兵之计，世麟假装答应，与蓝廷瑞约定地点。迎娶当天，延瑞、本恕及王金珠等二十八人都来送亲，世麟带领土兵在渡河口埋伏等待，叛贼在渡河大败，朝廷官兵与永顺土兵共同追围，擒斩及溺死者七百余人，总制巡抚按照捷报，纷纷奖赏，此战役以彭世麟为首功。

（四）向夫人礼让诰封

向夫人，名凤英，是彭世麒的侧室，系腊惹洞长官司向源长女，土司彭明辅生母，死于弘治十八年（1505年），享年29岁，由于其贤淑深得彭世麒的宠爱。向夫人负责掌管家政，处理家中大小事务。弘治年间，彭世麒征战有功，朝廷奖赏，诰封其夫人。论出力大小，理应诰封向氏，但向凤英却礼让彭世麒的正妻彭氏，还劝说彭世麒，要注重社会人伦道德，不必为了名利而争夺，荣誉面前要懂得退让。如此胸襟，显示了向夫人品德的高尚。

（五）彭翼南为民请战

1998年冬，考古工作者在紫金山清理土司墓葬时，发现了彭翼南墓志铭。墓志放在墓中室封闭墓口的砖墙中，呈竖立状，为砂质岩制作，长92厘米，宽70厘米，厚6.5厘米，铭文为明朝内阁首辅徐阶于隆庆二年冬撰写。当朝内阁首辅给边远土司撰写墓志铭，是何等荣耀？又是什么原因呢？嘉靖三十

三年，沿海倭寇猖獗，他们烧杀掳掠，奸淫妇女，无恶不作。年仅18岁的彭翼南毅然请战，跟爷爷彭明辅商议："从小您就教导我要报效国家，如今强盗欺负百姓，我七尺男儿不能坐视不理，我要向朝廷请命出兵剿灭倭寇。"土司彭明辅与孙子彭翼南率五千土兵奔赴东南沿海前线，在王江泾战役中，摆开"旗头阵"，攻破敌船，立下赫赫战功，在《明史》中被誉为"东南战功第一"。

（六）彭翼南怒沉美姬

明朝时期，永顺土司土兵是出了名的组织严密、纪律严格，土兵行军途中不骚扰百姓，战斗力强。当时土兵首领彭翼南治军严谨，他关心士兵，爱兵如子，将军中的粮饷、赏赐全都分给士兵，不克扣。彭翼南平时与部下在一起，闲居时有规矩，态度威严但不凶猛，命令严肃但较宽松。行军作战时则队伍井然有序，他对于自己的要求也十分严格，吃的不讲求鲜美，衣服不讲求绫罗绸缎，仪表简朴。嘉靖年间，彭翼南率兵征倭，经过激战，倭寇败走，倭寇督军投水而亡，他的两位美姬被俘，士兵见其美貌，献给彭翼南。但是彭翼南不为所动，并将她们沉于江河中，体现了永顺土兵治军严谨，严于律己。正因为如此，明中叶正规兵卫所制已经凋敝后，永顺土兵成了明王朝军事力量的重要依托。

（七）彭泓海执政为民

彭泓海，号中涵，廷椿子。康熙五十年（1711）致仕，致仕后，阖邑土官、头人为之立德政碑。彭泓海自从担任宣慰使

以来，在朝廷每三年一次的考核中，都是最优。他日夜为公事尽职，恪尽职守，许多人都称其为奉公守法的官吏，就像爱戴自己的父母一样爱戴他。所以他管理一方，以民为本，勤俭仁德，不选建新的庭院，不辱没自己的志向，辖区内百姓生活安定。宣慰使彭泓海管理着前代固有的地域范围，奉朝廷之命镇守永顺，已有多年，他的德政业绩，被刻入钟鼎碑石，传播在声乐和文章里。他性情淳朴，智勇深沉，遇豪杰之人，他心中赞许；碰到庸碌无为之人，他也能淡然容忍，所以其幕僚都愿意归附。他"优容并胞，韩宏拓落"，"崇俭抑奢"，"不以度支扰民"，"不以功作厉下"，扶助弱者保全孤儿，以光昭治体，积数十年如一日。

（八）彭宗舜冠带听调

彭宗舜，字子孝，是致仕宣慰使彭明辅次子，其兄彭宗汉身故，按规定，彭宗舜替袭土司。但当时彭宗舜年幼，未及冠，所以朝廷没有授印。嘉靖五年，田州叛乱，朝廷派王阳明率军征讨。彭明辅与彭宗舜自备家丁三千抗击叛乱，报效国家。王阳明亲自请求朝廷，给彭宗舜授予官职，树立军威。朝廷允许彭宗舜先行冠带，秉节持身，正己律下，平定叛乱。嘉靖二十年，朝廷兴建庙宇，需要大量木材，彭宗舜献楠木二十章，朝廷授彭宗舜进秩一阶，赐鱼服一袭。嘉靖二十二年，镇竿龙求儿等为患，朝廷征调永顺土兵，彭宗舜率领土兵抗击，土兵大捷。王阳明写诗：爱尔彭宗舜，少年多战功，纵亲心已孝，报国意弥忠。

(九)"热其巴"舍母报国

(流传在芷州村,讲述者:列夕镇周兴美,90岁)

传说,列夕古村有个热其巴,力大无穷,对母亲十分孝道。父亲在他出生前就去世了,母子相依为命。12岁那年天旱,田里颗粒无收,他挖葛挖蕨养活母亲。有一天母亲病了,想喝口凉水,他走到水井边,水井早都干枯了。他提着竹筒走向另一个地方,这时只听见轰的一声巨响,一块大石板突然掀开,石板下压着一口古井,他走到近前,看见古井里有九条小龙游来游去。他用竹筒舀了一筒水自己先解渴,然后再打一竹筒水提回家。热其巴喝了九龙水后力气大增。有一天,一伙强盗偷了本寨的两头牛,他追赶强盗,强盗看他追来,只好把牛丢下逃走了。热其巴嫌牛走得太慢,随手拨了根树做扁担,将两头牛挑起走回山寨。热其巴挑牛的事一传十,十传百,后来南渭土知州知道了,派人把热其巴叫来,要他在校场坪表演挑牛,热其巴一只手举一头水牛,沿校场坪走了一圈,观看表演的士兵无不惊讶。于是土知州任命热其巴为大将军,镇守列夕古镇。明末清初,李闯王的人马攻打列夕古镇,热其巴率领土兵抵抗敌寇,为了保护母亲的安全,他把母亲挟在左手臂弯里,冲在前面,右手随便拔起一棵大树攻打敌人,打得敌寇仓皇逃窜。当他追赶这伙贼人到西边一个山坳时,发现母亲不对劲,热其巴哪里知道,母亲早都被他挟死了,连脑壳都掉下来了。热其巴放声大哭,四处寻找母亲的脑壳,太阳落山时才找到。热其巴给母亲做了七七四十九天的道场。从此,列夕古镇再也没有强盗抢犯,古镇繁荣,商贾如云。列夕人为了纪念他

反击贼寇，保卫家乡，把发现他娘死去的几个地方分别取为"信口""落脑壳""落山枯"等地名，以作纪念。

(十) 李家大院的窗花

李家寨位于永顺县西北60千米的万民乡，万民岗之名来自李氏之祖李万民，李万钟、李万民兄弟从江西南昌没落此处，获得土司的开垦执照，开垦之地成为万民岗。李家寨居民尚留存有多栋清代、民国时期建筑。李家大院，始建于清代，距今已有约420年的历史。据族谱记载，第五世李春荣、李春华、李春贵三人同场造物，李春荣造的李家大院现保存完好。其建筑天井四周雕饰各种窗花，主要是"孝、悌、忠、信"四个窗花。中堂左侧窗花四角饰变形蝙蝠，中饰八棱形，各对角雕饰变形龙头，中间为"忠"字，右侧雕饰图案与左侧对称，中间为"信"字。此为告诫李氏后人应"忠为根本""诚实守信"。

(十一) 向大廷除白鼻子的故事

劳子庄传说中，向大廷是末代土司王白鼻子的大将，极其威猛。因白鼻子无道，以凶残为乐：一是土民新婚要先睡新娘三夜；二是"抛刀儿亡"，在地上插满竹刀，刀尖朝上，将小儿向天上抛，落下刺死；三是"施粥烫手"，以施粥为名，要小孩用手捧接沸粥。土民受苦受难，敢怒不敢言。向大廷义愤填膺，决定为民除害。一天晚上趁白鼻子酒醉，用长枪将其杀死，然后骑马飞奔离开司城。一路寻思，觉得大祸将至，不能连累族人。在牛路河时，向大廷用随身剃头刀割颈而亡。尸身

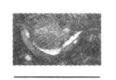

伏在马背上，直到劳子庄外的山坳口——马避槽，才掉了下来。他的坐骑跑回寨中长嘶悲鸣，带着族人寻回尸体。天亮不久，传来白鼻子被杀的消息，大家明白了事情的缘由，立即用四十八具棺木出殡，防止土司毁坟挖尸。

（十二）忠烈楷模土舍夫人李氏

彭肇模的妻子李氏，是永顺土官彭肇槐的弟媳妇。雍正六年，她奉朝廷命令，随肇模迁到常德居住，她的丈夫李肇模在她28岁时就去世了。乾隆元年，李氏请求将丈夫灵柩送回永顺。李氏非常孝顺，一直服侍生病的婆婆，教导遗子景煌、景燦成才。当时永顺知府张天如表彰她为烈女楷模。（选自《永顺府志·卷之八下 节烈》）。

（十三）清正廉洁的楷模——向老官人

溪州之战时，向宗彦授晋廷之命统军驻扎在辰州二酉山，目睹战争双方尸横溪州荒野，血染沟壑深谷，民众流离失所，形似枯骨的悲惨情景，顿生悯民之心，便决定精心制定出一套惠及溪民的良策。向宗彦为了给溪州人民一个安宁的生活环境，清除战乱隐患，劝说与彭士愁为敌的田好汉归顺于彭，并为之统领大军，稳定了溪州大局。为了改善溪州人民的生活，向宗彦坐镇溪楚交界地段莲花池，取消了历代对溪州与内地的封疆令，打开贸易通道，搞活了溪楚经济。为了溪州的光明前景，向宗彦建议彭士愁兴办学校，培养人才，提高了各级官员的素质；他引领溪州人们学会开荒、造田，广种粮食以度饥荒；教会他们种麻栽桑养蚕，织布裁衣以御风寒，并经常带领

属下深入山乡，亲临实地鼓励指导。彭士愁来到深山，见到土民挖土打锣鼓的热闹场景，勒马止步，回头对向老倌说：去年天旱歉收，今年遇上春荒，土民们劳动热情很高，都多亏了你。可见，在向老官人的引领下，溪州人民大力发展生产，逐渐丰衣足食，生活有了保障，结束了溪州土民以狩猎为生的"毛古斯"式的原始生活，开启了古溪州文明的新纪元。

（十四）向老官人为民排忧除害

后晋时期，溪州地区连年干旱，庄稼歉收。当地人民不仅缺衣少食，连饮水也要从很远的山下背取。向宗彦视察民情路经此地，站在高坡，看到遍地庄稼一遍枯黄，民众满面尘灰。他心急如焚，心想，自己若能在此开凿一眼清泉供人们灌地与饮用该多好啊！说罢，将随身宝剑奋力插入身边的石缝中。由于向宗彦诚心为民而感天动地，拔出剑后，果然从石缝中涌出一股清凉的山泉供人们享用至今。

在溪州地区的一个山寨，有一匹神奇凶猛的高头大白马啃食当地人的庄稼，全寨人深受其害而对其无可奈何，本寨张员外张榜捉拿此马。向宗彦闻讯后为民除害心切，马上前往此地，果见是一匹凶悍的大白马，它看见人们后双眼圆睁，后腿直立，前腿腾空跃起，嘶鸣声震撼山谷，人们见状纷纷退避三舍。向宗彦武艺高强，见状后大喝一声，箭步冲向大马，跳上马背。因良马择主，此马一反常态，便驯服地听从向宗彦使唤，当了他的坐骑。山寨人们为除去祸害而欢欣鼓舞，此事虽过去千年，现今仍在民间广泛流传。

由于向宗彦一心想着溪州人民，因此，人们便以神话故事等多种形式来刻画他高大的形象，张扬他无穷的魅力。

（十五）清廉俭朴的向老官人

向老官人受到溪州人民的崇拜还因为他具有清正廉洁的为官之道与节俭朴素的生活作风。

向老官人虽属朝廷高官，溪州之战后，经常深入溪州了解民众疾苦，向民众推行先进生产技术，同时，与他们同吃同住。他们一起"用三斤半的钥匙向葛大户借粮"（用锄头上山挖葛充饥），在"风扫地，月点灯"的房屋中将山薯放在火中烤熟后"三吹三打"热热闹闹地进餐，渴了用竹筒喝山泉水。

为了尽量减轻人民的负担，向老官人生活极其节俭，《溪州血盟》对他有这样两段描述："向老倌取出竹根烟杆，织锦烟荷包已无烟可掏，他随意弄点干叶塞进烟嘴，打火点上"过把烟瘾。过年是最隆重的时日，向老官人与士兵闲聊时"说着掏出竹鞭烟杆找点干菜叶子往烟嘴里塞"。他的夫人"抢过烟杆，掏出里面的干菜叶子，从内屋取出一个绣好的烟荷包道：'我给你留了一点儿马家坳草烟，过年了，拿去抽吧。'说完递给向老倌。向老倌迫不及待地抢了过来：'马家坳草烟，好家伙——'向老倌眼睛简直要射出绿光。"

向老官人实属清正廉洁的楷模。

（十六）孝贤故事——"孝感泉"的来历

中华美德源远流长，自尧舜以来，二十四孝的故事，在我国民间广为流传，老司城更是流传着魏国梁葬父求水哭干泉的故事，这些历代孝子成为后人处世学习的楷模和美谈。

传说在几百年以前，老司城东门魏家寨有个叫魏国梁的，全家6口人，家道十分贫困，住的是两间茅草屋，母亲是青光瞎，全家靠国梁卖苦力度日。魏国梁非常孝顺，在他49岁时，父亲不幸离世。因家庭贫困，无条件安葬父亲，他只得卖身葬父。后被溪州姓张的大富人家收买，立了卖身契。

父亲安葬那天，正是六月，天气炎热，久晴无雨，而父亲的葬地在太平山山顶的龙波坪，其地道路狭窄，悬崖峭壁，荆棘丛生，从城东门至葬地处有6千米。抬棺人抬了一天，才抬到太平山下，相距葬地还有0.5千米，安葬的人们头顶烈日，汗流遍身，口渴难耐，无法前行，旁边仅有一处干泉。按土家人的习惯，灵柩要一口气抬到葬地，途中不能休息，棺木不能落地，可是抬棺人实在抬不动，只能停了下来。魏国梁见状，双膝跪地，痛哭不已，泪水似雨点般地往下落，落入干泉之中，他痛哭流涕，感动了旁边的抬棺人，跟着跪地，一起放声痛哭起来……此时此刻，太平山在痛哭，灵溪河水在鸣咽，突然，哗啦一声响，从干泉石缝内流出一股清澈的水来。见此情景，人们哭声即停，欢呼雀跃，争先恐后地到泉边喝水……

有诗云：夏日炎炎可畏天，孝子跪拜求甘泉，感泉雅意温和酿，子孝孙贤魏国梁。

帮忙安葬的人们喝了水，很快将灵柩抬到安葬地，当人们返回干泉边时，泉水仍然潺潺地流着，后来人们将这眼水井取名为"孝感泉"，从此，孝感泉水长年不息。

永顺老司城廉洁文化故事由武陵山土司文化研究院　丁海燕院长提供

撰写本书参考引用资料

司马迁：《史记》，北京：作家出版社，2005年。

刘泽华、杨志久、王玉哲、杨翼骧、冯尔康、南炳文、汤纲、郑克晟、孙立群编著：《中国古代史》，北京：人民出版社，1979年。

张孔修："民国"十九年《永顺县志》。

舒文主编，李蕉副主编：《中国近现代史史料选读》，北京：清华大学出版社，2018年。

乾隆五十八年《永顺县志》。

湖南少数民族办公室主编：《土家族土司史录》，长沙：岳麓书社，1991年。

彭勃编著：《永顺土家族》，四川省秀山土家族苗族自治县印刷厂印刷，1992年。

罗维庆：《武陵山民族研究文论》，长沙：湖南师范大学出版社，2012年。

柴焕波：《永顺老司城》，长沙：岳麓书社，2013年。

永顺县地方志编纂委员会：《永顺县志》，长沙：湖南出版社，1995年。

鲁卫东：《永顺土司金石录》，长沙：岳麓书社，2015年。

向昌德：《莲花池向氏文化》，香港：中国文化出版社，

2017年。

罗维庆、罗中编：《土司制度与彭氏土司历史文献资料辑录》，北京：民族出版社，2014年。

瞿州莲、瞿宏州：《金石铭文中的历史记忆》，北京：民族出版社，2014年。

田清旺：《从溪州铜柱到德政碑》，北京：民族出版社，2014年。

王焕林：《永顺彭氏土司司治研究》，载《吉首大学学报》（社会科学版），2013年第34卷第6期。

（清）张廷玉：《明史》卷286，列传第174《唐寅》。

彭剑秋：《溪州土司全传》，北京：人民日报出版社，2008年。

《西游记》（轻松阅读无障碍本）【明】吴承恩著，李伟注释，长沙：岳麓书社，2009年。

《中华文明史话》编委会编：《孔庙史话》，北京：中国大百科全书出版社，2009年。

彭剑秋编著：《溪州土司八百年》，北京：民族出版社，2001年。

《第三次全国文物普查不可移动文物登记表》，龙山县火岩尺格峒车夫老土王庙纪事，原表石刻铭文。制表时间2010年3月15日。

雷家森：《老司城与湘西土司文化研究》，长沙：岳麓书社，2014年。

湖南省文物考古研究所编著：《考古湖南十堂课听懂湖南历史》，长沙：岳麓书社，2021年。

翟菲、孔凡卫编著：《湘西土司稽古录》，长沙：湖南人民出版社，2018年。

向大儒、向大厚主编：《老司城向氏族谱》，2004年。

《老司城魏氏族谱》。

《沅陵莲花池向氏族谱》，过去草本部分遗存。

《老司城雅颂溪陈氏族谱》。

《弄塔王氏族话》。

《老司城秦氏族谱》。

永顺《车坪付氏族谱》。

永顺《连洞左氏族谱》。

《老司城郑氏族谱》。

还有老司城、永顺连洞、沅陵莲花池村、吉首雅溪、湖北来凤县的漫水、大河、百福司、舍米湖村的有关族谱、保靖县碗米坡等地的民间传说。

后 记

老司城，美丽神秘的地方，上有自生石桥仙人洞，中有麒麟与石鼓，下有龙洞锁口和龙潭城。一条清幽的灵溪河发源于城的西北茅花界、蟠龙山两源洞水，流经塔卧、颗砂，再经吊矶岩穿石桥仙洞至龙潭城到哈尼宫下。如今龙潭城下的哈尼宫成为天下第一漂的起点。

从商、周至秦汉，老司城神秘的山水，养育了数十万土家、苗、汉各族先民，人们以渔猎为生；从秦汉至隋唐，居住在老司城这片山水中的人们已进入农耕时代，这同时又是溪州八部大王坐镇老司城的时代。五代以后江西彭氏入驻溪州，历经后梁、后唐、后晋、后汉、后周、宋、元、明、清等九个王朝。

这里风景旖旎如画，是我国西南汉族、土家族、苗族聚居的地方。

《永顺县志》地理志·沿革载："梁始置大乡县……而辰州府志载永顺司梁为福石郡……""五代以后彭氏据其地……自置二十州至宋。""案府志沿革表谓溪州灵溪郡唐中和三年蛮酋分据自置刺史。"

老司城从梁武帝萧衍天监年（502年）至唐中和三年（883年）到五代前，溪州八部大王坐镇老司城，统辖溪州数百年。五代以后彭氏据其地，老司城一直又是湘西政治、经

济、文化、军事中心。在历史的长河中，各族人民共同滋育演绎和创造了独特的历史文化、民族文化、土司文化、民俗文化、山水文化。同时，其间涌现了无数可歌可泣的英雄人物，如彭翼南、彭荩臣奋力抗倭，名垂千古。近代史中有：沈从文、李烛尘、贺龙、黄永玉等文臣武将文化名人。民间流传的故事有：左和尚普陀山朝香记、王志求仙、努力嘎巴等人物故事；自生桥、迎师坪、绣屏山、万马归朝、舟启栈、赶乞塆等许多神奇神秘的地名故事。该书以描写老司城核心区地名故事为主，城郊、郊外地名为辅，共十三部分，共计列举一百四十多个地名故事。

这些地名故事是历史上流传下来的，有的发生在秦汉时代，有的发生在隋唐及五代，多数是土司时代发生的事。历代先辈未记录下来而造成如今人们像猜谜一样都猜不着。譬如，《彭氏土司稽勋录》中载：彭师宝、彭福石冲、彭安国殁后均葬补亚村[①]；又如《第三次全国文物普查不可移动文物登记表》龙山县火岩尺格峒车夫老土王庙纪事，附原表石刻中记载："天福五年（五代后晋高祖，公元940年），爵主奉晋王旨，同马希范、田好汉、向宗彦镇服溪州，宗彦住莲花池，好汉住石牌楼，希范为伏波将军，惟爵主世援楚王。今会溪坪铜柱是其亲立，柱间文字可考也。传十八代至彭肇槐，献土于雍正皇帝，镇楚有功……"

上述老司城向姓、郑姓、朱姓等姓氏的传承十八代土司至彭肇槐；龙山县火岩尺格峒车夫老土王庙附原表石刻，传十八代至彭肇槐都是正确的。其答案（谜底）就是从彭氏第十三世彭思万于元世祖中统三年（宋理宗景定三年），归顺元朝。赐印信，授武德将军。从此溪州彭氏执行"土司制度"至十八代

---

① 补亚村，即八桶湖，包括搏射坪。

彭肇槐于雍正六年（1728年）改土归流止，自始至终执行"土司制度"466年。因此，老司城郑姓、向姓、朱姓等各姓氏的传承"十八代土司"也是正确的。

如"雅草坪"地名来源于明代唐伯虎的"雅草甘泉"八句诗，唐伯虎在祖师殿墙壁绘画的"水漫金山寺漫画"题写有"天名山无过址，世间好画也相宜"。唐伯虎这一游、一诗、一画、一对联，是对老司城山水美景的总结，人们世代颂扬。还有搏射坪、射圃曾是土司时代选兵、演兵的重要场所，曾经繁华几百年。弄塔（龙潭城）曾是几千年前原居民们的居住之地，又是八部大王活动最早的城池，我们对这些文化应该予以保护、传承、开发和利用，这将对老司城的旅游开发起到推动和影响作用。

又如补亚村，即是今日的搏射坪，因过去作为搏斗的场地称补亚或抱亚。故而，笔者愿做解谜人，将老司城的地名故事撰写成书往后传承。

从2010年起，中共永顺县委、县人民政府举全县之力为老司城申遗，以老司城古城原遗址、原生态、原文化、原居民和真实性、唯一性；又以其"齐政修教，因俗而治"从元（1262）执行"土司制度"，至改土归流到清雍正六年（1728）止，自彭氏从后梁开户四年（910）至雍正六年（1728），彭氏自始至终见证"土司制度"从刺史到宣慰使司，仅彭氏就经后梁、后唐、后晋、后汉、后周、宋、元、明、清九个朝代。这座古城可追溯到五千年前，至少可追溯到永顺不二门商、周文化时代。老司城遗址在申遗前，专家们集聚老司城，从25万平方米和周边考察发掘而得出结论有八大功能区：即宫殿区、贵族生活区、衙署区、原居民区、军兵演练区、文教区、宗教祭祀区、道教、佛教祭祀区、墓葬区等。笔者全程参加申遗过程，申遗成功后又花三年多时间撰写了《溪州老司城》，也是从八大功能入手，分为十三大类，介绍老司城这座古城。目前，《溪州老司城》一书已公开出版发行。

眼前这本《老司城地名故事》有其独特的价值。这些地名故事，包括土家、苗、汉各族先辈们的生活文化史，有汉、唐、宋、元、明、清时期楚南上游酉水流域八部大王经营或做过的事，有历史上重要的建筑设施、建筑物遗址、关卡，有与汉文化融合后的文明史等。这些地名故事可使人回味到雍正六年（1728）前，"巍巍乎五溪之巨镇，郁郁乎百里之边城"；"福石城中锦作窝，土王宫畔水生波，红灯万盏人千叠，一片缠绵摆手歌"的繁华的时代，又可弥补和增添老司城文化的全面性、综合性，对老司城旅游开发具有重要的价值。同时这些地名故事又是非物质文化资源，对传承人将起到激励与增强自信心的作用。若我们这一代不把它记下来，下一代就有可能丢失，再也找不回来了。

笔者土生土长于老司城，对家乡有着深厚的感情。幼时曾经饱受旧社会土匪的欺凌，成人后在新中国深受共产党的关怀培养。故而，退休前曾发誓退休后的20年将尽余力报效家乡老司城，80岁后要给共产党偿还恩情。人要知恩回报，才算好男儿。总之，笔者要无怨无悔地为世界文化遗产发光发热，直到生命的最后一刻。

本人退休21年坚持初心和使命，为保护世界文化遗址，弘扬民族文化精神而奋斗。自2002年退休，一是向社会各界宣讲老司城的前世今生，接待中外游客2万余人次。二是授徒传薪火。在各级领导和主管部门的支持下，每年举办一至二次薪火传承培训班，每次10人或20人参加培训，最多时有50多人参加培训班。三是坚持进修学习。退休后多次参加北京、

长沙、本县、本州举办的学术研讨会,使个人在历史文化、民族文化、土司制度等方面的知识得到提高。四是求教于各位老师,其中有:

中国社科院历史研究所清史研究室主任、研究员、研究生院二级教授、清史方向博士生导师李世愉;

湖南师范大学原党委书记李民;

中央民族大学张海洋教授;

北京大学、中央民族大学王铭铭教授;

清华大学、北京大学建筑系何重义教授;

清华大学骆文杰老师;

吉首大学游俊教授、杨庭硕教授、瞿州莲教授、罗康隆教授、罗维庆教授、程臻铭教授、王焕林教授、陆群教授;

湖南第一师范大学音乐舞蹈学院党支部书记谭顺来书记、黄葶、邓志刚、曾亚斌等老师。

求教过程中本人受益很多。

为感恩共产党,献余力于老司城。本人以全部的精力和心血撰写《土司王朝》《老司城民间故事集》《溪州土司制度盛衰轶事》《老司城民间故事集锦》以上四部书已公开出版发行。在申遗成功后又撰写了《溪州老司城》《老司城地名故事》。在申遗前后还撰写了《老司城土司与历代王朝的关系》《溯源老司城八部大王历史》《建议将老司城打造成武陵山的历史文化生态城》《清廉的民族首领向宗彦永远活在大湘西各族人民心中》《中国·老司城文化演说》《中国·老司城导游词》《昔日颗砂、松柏优质大米入贡进京城,今日香飘出国门》等十多篇文章。以上书稿、文章均靠自己用笔手写,共计达一百多万字。从2010年起,笔者全程参加申遗,2015年7月3日老司城申遗成功后,游客猛增,笔者就更忙了。一是给

游客讲解；二是受县委、灵溪镇管理处领导的委托，多次培训讲解员（导游员），同时还要经常接受各级媒体的采访。例如，协助拍摄《走遍中国》《揭秘土司王城》《老司城探幽》等多部专题片。本人在司城村党支部的领导支持下，自出资金2万多元承办若云书店。如今书店存有政治、历史、中小学生课外阅读书籍等13大类一万余册书，为营造书香县城，促进乡村振兴教育强县做出了应有的贡献。

本人能做出应有的贡献，取得一点成果，离不开老伴和儿女们的支持。

2023年5月，本人满81周岁。上北京中央民族大学、清华大学、北京大学寻资求师有老伴郑泽花做伴；下沅陵二酉莲花池村，去湖北、四川等毗邻地区考察有郑泽花陪同；到永属三州六峒核实资料都有老伴郑泽花（83岁）随同。

退休21年来，本人与老伴自己拾柴，自己种菜，可节省部分工资用于考察和撰写书籍费用。

上述成绩的取得，同样离不开两女三儿的支持。俩老患病时，大女儿向水玉、女婿田宏文带头出资治病；俩老的生日或节日时，儿女们给俩老发红包；二女向翠娥、女婿陈乔生会种田，每年收获稻谷8000—10000多斤，外孙儿女们打成米骑摩托或单车一次次送上门给外公外婆食用。女婿陈乔生患重病去世，外孙女儿们仍送米给俩老。外婆郑泽花对外孙女儿们说："莫送了，你们爸爸走了，外公自己上街去买。"本人长孙女在精神病医院（州直属医院，在永顺县）工作，长孙女婿在永顺县人民法院工作，为公婆治病时常资助。

回忆退休21年来，我和老伴吃的是孝顺米，穿的是孝顺衣，用的部分钱是孝顺钱。每年在自己微薄工资中节省5000元用到学习、研究、保护、传承老司城文化之中（21年来为

老司城文化宣传无偿付出共计10万元以上）。

　　本人没有能力给儿女们到永顺县城购买商品房，只有一颗初心使命为传承老司城文化作贡献。这样做，本人和老伴及全家无怨无悔；这样做，笔者已获得各级党政部门、主管部门的诸多奖杯、奖品、奖状。

　　当前，全国人民都在学习党史，要以"可上九天揽月，可下五洋捉鳖"的恢宏士气踊跃参与"乡村振兴"，投入"十四五"建设的征程中，为实现第二个百年奋斗目标而努力。

　　笔者认为，本人晚年能够为家乡老司城付出余力，全靠州委、州人民政府、州人大、州政协领导们的关心和支持。具体有州委叶红专书记、州人大原主任彭武长、副州长李平等；州水利局原局长彭武学；现水利局陈海波局长；州商业局原局长向仕莲；州人大原副主任彭司礼等。

　　本书的公开出版，全靠湘西州文化旅游广电局向汝莲局长、粟吟君科长等的大力支持。

　　此外，本人还要特别感谢中共永顺县委书记彭军、县人民政府向加茂县长、县人大张开国主任、县政协曾维秀主席、县委常委宣传部樊未部长、县委常委宣传部部长陈利勇、常务副部长覃春园、李萌副部长、办公室岩枫、翁世国主任；县妇联主席肖芳芳；中共永顺县委宣传部原主任孟春绒；老司城遗址管理处孔凡卫主任、原书记张万超；县文化旅游广电局朱大州书记、张长青原书记、彭飞书记、唐庆局长、梁爱忠、彭武仁、彭湘文、印永辉等领导；卢瑞生、刘勇等领导；永顺县民族宗教事务局向家松书记、原局长龚长双、鲁选龙局长、办公室主任向斌；老司城开发经营有限公司彭昌、王隆江、刘英杰、彭劲松、王秀梅、杨峰；永顺县教育局潘清海局长、永顺县教育局罗奋飞局长；永顺县灵溪镇党委书记赵斌；永顺县财

政局吴吉森局长、向春生副局长；永顺县水利局向用坤副局长；永顺县文联向先林主席；永顺县电视台向洪斌台长；湖南猛洞河风景名胜区管理处胡东升；在老司城村工作过的李军、丁海燕、李秋雨、瞿章辉；永顺县老司城博物馆杨修齐馆长；董书林、张官风、彭永贵、肖绪春；还有祥平印刷厂打字员王蓉蓉等，都给笔者提供了诸多帮助和支持，笔者在《老司城地名故事》一书付梓之际一并表示深深的谢忱！

本人学识有限，书中错误难免，敬请学者、读者、专家批评指正。

谨以此书向建党 102 周年献礼！

向盛福

2023 年 5 月 1 日